陰陽師たちの日本史

斎藤英喜

角川新書

「すべての季節の星座はそれぞれ素気ない横顔を見せていたり、または放心した表情で空の一点を漠然と眺めていたりするものばかりで、一つとしてその視線が街を見おろしている星座はない。が、それでも人々は、ふと夜空を見上げた時、それらの顔の一つと目があうような気がして仕方がないのだった」

（山尾悠子「夢の棲む街」）

「占星術は天文学と同じくらい古くから、いやそれ以上に古くから伝わるものであり、幻視力をそなえた古代の賢者たちは一人残らずそれに全幅の信頼を寄せていた」

（エリファス・レヴィ『高等魔術の教理と祭儀〈教理篇〉』生田耕作訳）

プロローグ

たとえ、まばゆい都心の夜であっても、夜空を見上げ星々を眺めていると、なんとも不思議な感覚に魅入られることはないか。視界から都会の電光が消え、意識が漆黒の夜空に吸い取られていくと、今まではっきり見えなかった、小さな星たちも姿を見せ始め、いつのまにか、自分ひとりだけが星たちの宇宙空間に漂っているような、ある種の恐怖を覚えることはないか――。

いったい、この星たちがちりばめられた宇宙はいつから始まり、宇宙なるものの果てはどこにあるのか、そして星たちとわれわれ人間とはいかなる関係にあるのか。

こうした天体や宇宙の秘密に魅入られ、人間の運命と星との関係を解き明かそうとした人びとが人間の歴史のなかに数多く登場してきた。天文学者、数学者、物理学者、宇宙論者、占星術師、そして陰陽師《おんみようじ》――。

「陰陽師」といえば、かつて二十世紀末に日本列島を席捲《せつけん》したブームによって、鬼と対決し、式神を操り、怨霊《おんりよう》を調伏《ちようぶく》するスーパー魔術師のイメージが思い浮かぶだろう。とりわけ安倍《あべの》晴明《せいめい》（「はれあきら」、「はるあきら」の読みもあるが、通例の読みに従う）は、人と魔性のものとの境に生きる、あやかしの存在と思われがちだ（なお「陰陽師」は「おんやうじ」「おんようじ」の訓が古いが、通例に従い「おんみょうじ」とする）。

けれども「陰陽師」とは、奈良時代に始まる律令《りつりよう》国家の一官衙《かんが》たる「陰陽寮《おんみようりよう》」の役職名であり、また異類の母のもとに生まれたという伝説に彩られた安倍晴明も、平安時代中期に生きた歴史上の人物である。そして彼ら「陰陽師」なるものの主要な任務のひとつが、天体を観《み》て、星の動きが国家や天皇の運命に与える影響を見極め、その吉凶を占っていくことにあったのである。歴史記録に登場する晴明は、陰陽寮の天文部門に所属する「天文得業生《てんもんとくぎようせい》」であり、やがて「天文博士」へと昇進したのちには、国家や天皇の運命を占う「天文密奏《みつそう》」というトップシークレットの職務を担っていたのだ。そうした彼らの天文占星術の背景にあるのが、中国から伝来した天文学、陰陽《いんよう》・五行《ごぎよう》の思想であった。それはまた「陰陽道《おんみようどう》」とも呼ばれている。

陰陽道とはなにか。一般の概説書などでは、「陰陽道」とは古代中国に起源したもので、それが日本に伝来したという説明がなされている。しかしそれは誤りである。近年の研究によれば、「陰陽道」の用語は古代中国にはなく、日本の平安時代中期、十世紀以降の文献に出てくること、つまり「陰陽道」とは、古代中国に発生した陰陽説・五行説、天文説などをベースにしつつ、密教や道教、さらに神祇《じんぎ》信仰との交渉、習合のなかで、平安中期の日本で独自に編み出された信仰・学知・技能の体系であった。いうまでもなく、そのキーパーソンこそ、安倍晴明であったのだ。

さて、本書の目的は宇宙や天文、星と人間との関わりを解き明かすことを任務とした「陰陽師」にスポットをあてて、彼らの活動の変遷から、一般には知られていない「陰陽師」「陰陽道」の通史を描き出すことにある。一般に「陰陽師」といえば、平安時代というイメージが強いが、じつは陰陽師たちは、「日本史」の各時代のなかで、大きな活躍を見せてくれるのだ。

したがって本書には、古代律令国家の成立を推し進め、「天文」に秀でた能力をもった天《てん》武《む》天皇に始まり、平安時代の陰陽師・安倍晴明、あるいは「源平合戦」の時代に平家の運命を占って、「さすの神子《みこ》」（予言者）と呼ばれた安倍泰親《やすちか》、室町将軍・足利義満《あしかがよしみつ》に重用された安倍有世《ありよ》、戦国時代、京都で最初にキリスト教に入信した賀茂《かも》家の陰陽師、さらに織田信長や豊臣秀吉と陰陽師との関係、江戸時代の陰陽道宗家となる土御門泰福《つちみかどやすとみ》、また彼と深い関係をもつ幕府の天文学者・渋川春海《しぶかわはるみ》、あるいは西洋天文学と陰陽道との関係、さらに国学者の本居宣長《もとおりのりなが》や平田篤胤《ひらたあつたね》と天文学……といった、歴史上の著名な人物たちも数多く登場してくる。と同時に、彼ら有名人たちの知られざる一面が「星」との関係のなかから浮かび上がってくるだろう。陰陽師たちの活躍する歴史はまた、この「日本」をめぐる定型化した歴史認識をアップデートする、新しい視点をもたらしてくれよう。

漆黒の夜空に煌《きら》めく星たちと人間との関係をめぐるドラマ——。星たちはなにを語ってくれるのか。耳を研ぎ澄まして、じっくり聞くことにしよう。

目次

第三章　中世、動乱の時代の陰陽師たち　101

第五章　陰陽師たちの近代と折口信夫　229

第一章 「陰陽道」とはなにか

一般に「陰陽道」といえば、古代中国に起源する舶来思想と思われてきた。その場合、中国で作られた陰陽道が日本に伝来して、日本風に変質しつつ定着したと説明される。その思想の核になっているのは、陰陽《いんよう》説や五行説という自然の生成・発展を説く哲学や、それをベースとした占いや呪術、また天文占星術である、と。

たしかに陰陽・五行説というのは、古代中国で作られた思想であり、天文占星術も中国で発達したものだ。しかし「陰陽道」という用語そのものは、中国の文献には確認されていない。じつは「陰陽道」という用語が文献にあらわれるのは、日本の側、平安時代中期の十世紀以降からなのである〈たとえば藤原通憲《ふじわらのみちのり》〈信西《しんぜい》〉の編著作『本朝世紀』天慶《てんぎょう》五年〈九四二〉などが早い例〉。

最近の研究では「陰陽道」とは、中国の陰陽・五行説、天文説、占術、さらに道教や密教、それに日本の神祇信仰などを取り混ぜながら、日本独自に作り出された思想、祭祀《さいし》法、呪術であったことが明らかにされてきた〈山下克明・一九九六、二〇一〇〉。陰陽道＝日本成立説は、学界でもほぼ定説となっているようだ。

そうした陰陽道を作り出したキーパーソンのひとりが、テレビや小説、映画で人気を博して、いまや知らぬ人はいない有名な陰陽師・安倍晴明（九二一～一〇〇五）であった。安倍晴明とは、藤原道長《みちなが》や清少納言、紫式部たち平安貴族文化を担った人びとと同じ時代を生きた歴史上の人物である。

安倍晴明が行った陰陽道の呪術、占い、祭祀などは次章で詳しく紹介するので、まずは「陰陽道」が成立する以前の、その萌芽《ほうが》となるものがどのように歴史的に作られたのか、とりわけ「天文」の世界との関わりにスポットをあてながら見ていくことにしよう。「陰陽道・前史」の探索である。

1　「陰陽道・前史」を探る

僧侶が伝えた「陰陽道」のルーツ

もう一度いえば、「陰陽道」という用語は、中国にはなく、日本の平安時代中期に成立したものである。だが、そのベースとなる陰陽・五行説、天文説、暦法、占術などは中国で作られ、朝鮮半島を経由して日本にもたらされた。それは六世紀半ばごろだ。

古代の正史『日本書紀』によれば、欽明《きんめい》天皇十四年（五五三）に、朝廷は百済《くだら》にたいして「医博士・易博士・暦博士」とともに、最新の卜占書《ぼくせん》、暦書などを送付するように請求している。それを受けて翌年には百済から各博士が来朝している記事がある。さらに推古《すいこ》天皇十年（六〇二）には、観勒《かんろく》という百済僧が来朝し、「暦本」「天文・地理書」「遁甲《とんこう》・方術書」

をもたらしている。朝廷では、それぞれの専門領域を学習する「書生」を選び、自らの「業」とさせたとある。このときの暦・天文・方術の三種の書物の知識こそが、「陰陽道」を形成する大切なセクションとなる。

かくして七世紀初頭には、後に「陰陽道」となっていく学問、思想、技能のベースとなるものが日本に渡来したのだが、推古朝に天文・暦・方術などの書物をもたらしたのが僧侶であったことは興味深い。

一般には僧侶といえば、仏の教えを説くものとされる。しかし古代社会にあっては、僧侶とはたんに仏教の教えだけではなく、東アジアに生成した当時の最新の学問、知識、信仰、技能などの担い手であり、伝播《でんぱ》者であったのである。ちなみに仏教がヤマト朝廷にもたらされたのも、欽明天皇の時代とされている（これを「仏教公伝」という）。仏教もまた、東アジア世界における知識、信仰のトレンドとして、ヤマト朝廷にもたらされたのである。

七世紀初頭、ヤマト朝廷に渡ってきた天文・暦・卜占などの最新の知識、技能を日本に根付かせ、国家体制のなかに組み込んでいく人物が登場する。天武天皇である。

魔術王・天武天皇

七世紀半ば、天智《てんじ》天皇（六二六〜七一）の皇子・大友皇子《おおとものおうじ》と天智天皇の弟・大海人皇子《おおあまのおうじ》とのあいだで、皇位継承をめぐる争いが起きた。やがて多数の豪族たちを巻き込み、古代日本最大の内乱へと発展していく。世にいう「壬申《じんしん》の乱」（六七二）である。

最初は劣勢であった大海人皇子軍は大和地方の豪族たちを味方につけることで、大友皇子勢力を圧倒し、ついに大友皇子を自害に追い込み、勝利を得た。ここに大海人皇子は飛鳥浄《あすかきよ》御原宮《みはらのみや》で即位する。天武天皇（?～六八六）である。

即位した天武天皇は、中国から輸入した律令という法律を整備し、畿内《きない》の豪族たちを国家の運営を担う官僚として組織し、天皇を中心とした中央集権国家の確立をめざした。そして皇祖神アマテラスを祀《まつ》る伊勢神宮を頂点とした神祇組織を整え、また寺院、僧侶を統制し、鎮護国家のための仏教として位置づけ、あるいは律令国家形成のプロセスのなかで、自らの国家の起源と歴史を記す修史事業を開始した。それが後の『日本書紀』（七二〇年成立）、あるいは『古事記』（七一二年成立。ただし異論もある）へと結実することになるのである。

さらに天武天皇は、「陰陽寮」という役所を設けた。また天体の動きを観測し、吉凶を占うための「占星台」という施設を建てた。ここに後の「陰陽道」形成の基礎が作られたのである。

けれども天武天皇と陰陽道との関係は、それにとどまらない。じつは『日本書紀』によれば、天武天皇自身が「天文・遁甲を能《よ》くしたまふ」という人物であったのだ。天武は一種の

「魔術王」でもあった。天武が壬申の乱にも勝利しえたのは、まさに彼が天体とコンタクトをとるワザ＝「天文・遁甲」に長《た》けていたからなのだ。それはいかなるものか。

乱の最中、次のようなエピソードが伝わっている。

吉野で挙兵した大海人皇子（天武天皇）は、現在の三重県名張《なばり》市あたりで兵を集めようとしたが、予想どおりには集められなかった。横河《よこかわ》という地に至ったとき、黒雲が湧《わ》き起こり天空を流れた。そこで大海人皇子は、自ら「式《しき》」をとって占い、「天下が二分する前兆である。その結果、わたしが勝利を収めるだろう」と語った。この占いで大海人皇子側の軍勢は勢いをまして、勝利を得ることができたという（『日本書紀』天武天皇元年六月）。

このとき皇子がもちいた「式」の占いとは、式盤《しきばん》という道具を使った占い方法である（「式盤」は「ちょくばん」の読みもあるが、近年の研究に従い「しきばん」と読む）。「天」をあらわす天盤と「地」をあらわす方盤のふたつを重ねて回転させて、盤の表面に記された北斗七星、十干《じっかん》十二支、八卦《はっけ》、二十八宿《にじゅうはっしゅく》と十二月将などの天界の星や星神たちを組み合わせて占う方法だ。

ようするに「天」の様子を測定し、それが「地」にどんな影響を与えるかを読み取る器具が「式盤」であった。この式盤を使う占いを「式占《しきせん》」という。式盤の特性から太一《たいいつ》・遁甲・六壬《りくじん》という三つの種類がある〔小坂眞二・二〇〇四〕。天武天皇が得意としたのは、「遁甲」

の式盤であったようだ。ちなみに陰陽師が使役するとされる「式神」も、この式占と関わるものだが、その点は次章で詳しく述べよう。

「陰陽寮」の役職と任務とは

天武天皇によって形成された律令国家は、太政官《だいじょうかん》や神祇官といった官僚組織で国家の運営を進めていく。その官僚組織のひとつに「陰陽寮」がある。

奈良時代に定められた律令の法律では、陰陽寮は天皇の側近事務、秘書的役割を担う「中《なか》務省《つかさしょう》」の管轄下におかれた。その組織は、長官の「頭《かみ》」、次官の「助《すけ》」、三等官の「允《じょう》」、四等官の「大・少属《さかん》」という事務方のほかに、専門技術官として、①陰陽博士、②天文博士、③暦博士、④漏剋《ろうこく》博士という教授職があり、その下に「学生《がくしょう》」が十人ずつ置かれている。さらに彼らとは別に「陰陽師」という職掌が六人いる。「陰陽師」とは、陰陽寮という役所のなかの役職名であったのだ。ちなみに安倍晴明も「陰陽師」となっているが（康保《こうほう》四年〔九六七〕）、平安時代の陰陽師の存在は奈良時代の陰陽師とは違った働き、役目をもつことになる。この点はまた後に述べよう。

奈良時代の律令に定められた「陰陽師」の役割は、式盤を使う占いが主要な任務だ。それはおもに国家や天皇に関わる占いである。また彼らは「相地《そうち》」といって、宮殿や寺院の建立にあたって、土地の善《よ》し悪《あ》しを占うこともする占いのエキスパートである。「陰陽博士」は、こうした陰陽師になる学生の教育を行っていたのである。

「暦博士」は、年毎《ごと》に来年の「暦」を作成し（造暦）、頒布《はんぷ》する（頒暦《はんれき》）役目をもつ。ようするに毎年のカレンダーを造る役職だ。貴族たちは暦博士が作成した「暦」にもとづいて、さまざまな宮廷行事の日程などを決めることになる。現代の太陽暦（新暦）の場合は、カレンダーは基本的に十四通りの暦でまかなえ、再利用が可能だが、太陰太陽暦（旧暦）の場合は、暦の作成はきわめて複雑な計算と暦法理論を必要とする。一度造った暦は、二度と使うことができないので、毎年、毎年計算して、その年にあった暦・カレンダーを作成しなければならないのである〔湯浅吉美・二〇〇九〕。

「漏剋」部門は、漏剋（水時計）を使って時刻を測り、守辰丁《しゅしんてい》という職掌に鐘鼓《しょうこ》を打たせる役割である。暦にたいして「時間」を測定・管理する職掌ということになろう。

暦を造ること、時を測定し知らせることは、本来は国の支配者・天皇が独占的にもつ役目であった。毎年の暦を国内に頒布することは、支配領域が同じ「時間」を共有することを意味し、皇帝（天皇）が天の委託のもとに時間と空間を支配することを象徴することになるわけだ〔山下克明・一九九六〕。

したがって陰陽寮の役目は、天皇に代わってこれを行うことになる。律令の規定では、暦博士は、天皇の名のもとに、内外の諸司に百六十一巻の暦を頒布した。なお暦を作成し、それを天皇に代わって頒布する任務は、後に「暦道」を担う賀茂氏が独占することになる。

さて、「暦」部門の任務は天体の運動法則を計測し、暦日を確定することであるが、一方「天文」部門は、天体の運動を観測し、運動法則とは異なることを察知して、その意味するところを占うのが役目である。占星術師の集団だ。

天文博士の下にいる天文生《てんもんしょう》たちが、渾天儀《こんてんぎ》などの天体観測器具を使って、戌刻《いぬのこく》（午後七時～九時）と寅刻《とらのこく》（午前三時～五時）の二回観測する。星の動きに異変があったならば、天文博士に伝え、博士がその観測結果を天文占星術書によって占い判じる。凶事が判定されたら、それを秘かに天皇に奏上するのである。これを「天文密奏」という。史実上の安倍晴明も天文博士の職務遂行として「天文密奏」を行っている（詳しくは第二章、参照）。

なお当時の天文部門が使っていた占星術書は、『史記』天官書、『漢書《かんじょ》』『晋書《しんじょ》』天文志、『三家簿讃《ぼさん》』『韓楊要集《かんようようしゅう》』などである。記録の上に出てくる安倍晴明は「天文」部署に所属し、若い時代は天文生として、星の動きを観測していたようだ。もちろん当時、望遠鏡はないので、渾天儀などを使って肉眼で星を観《み》ていたのである。

トップシークレットとしての天人相関説

後に「陰陽道」として発展する思想の中心にあるのは、一言でいえば「天人相関説《てんじんそうかんせつ》」と呼ばれるものだ。それはどんな思想なのか。

天人相関説とは前漢武帝《ぶてい》期（前一四一～前八七）の儒学者、董仲舒《とうちゅうじょ》（前一七六頃～前一〇四頃）が、経学と陰陽・五行説とを結びつけた思想。天体の現象を「天」が地上の支配者に下す前兆とみなすと同時に、支配者の行為が逆に天体現象に影響すると考えられた。「天と人との間に深い相互関係が成り立った」というわけだ〔藪内清・一九九〇〕。

かくして天体現象の異変は天の支配者（天帝）が地上の支配者（天子）に下す予兆であり、したがって地上の支配者は、つねに天体の運行に異常がないかをチェックしなければならない。このチェック機関が「陰陽寮」、とくに天文部門の任務といってもよい。陰陽寮とは、天帝から命令を受けて国家を支配する天子（天皇）に代わって、天から送られてくるメッセージを解読する仲介者と考えられよう。それゆえ陰陽寮は、天皇側近の役所＝中務省《なかつかさしょう》の所管となったのである。

この時代、「天文」の知識、とくに占星術の知識をもっていたのは僧侶たちが多い。先に述べたように最新の思想、技術をもたらしたのは、僧侶たちであったからだ。したがって、当時「天文」に関わる知識をもっていた僧侶たちへの禁制は厳しかった。天文観測や卜占を行ったことが露見したら僧侶身分を取り上げられ、還俗《げんぞく》（俗人にもどること）が命じられた（「僧尼令《そうにりよう》」）。なかには天文に秀でた僧侶で、還俗して陰陽寮の官人になるものもいたようだ（橋本政良・一九七八）。

一方、一般の貴族たちにたいしても、

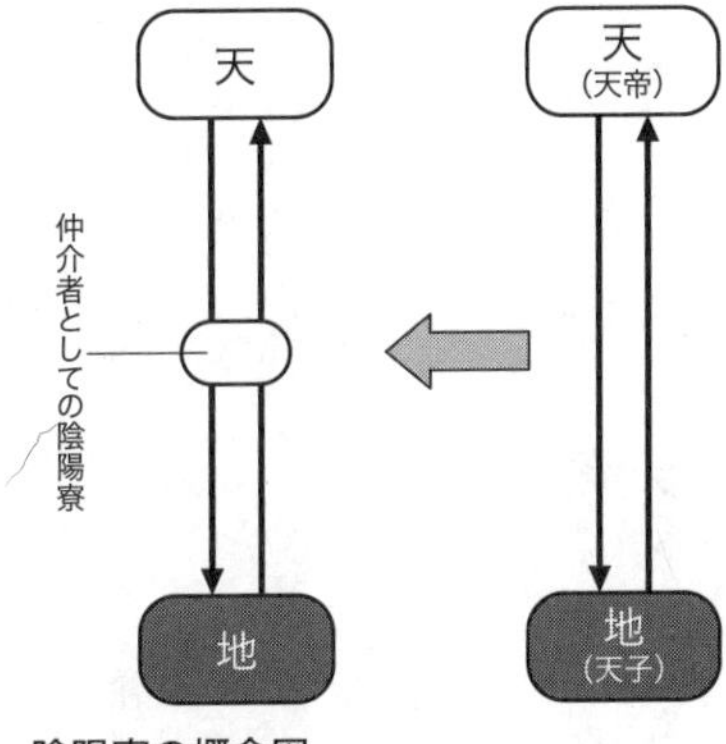

陰陽寮の概念図

・玄象《げんしょう》の器物（銅渾儀などの天体観測器具）
・天文書（『日月五星占《しょう》図一巻』『五星二十八宿占一巻』『二十八宿図三巻』などの天文占書）
・図書（『河図《かと》一巻』『河図龍文《りゅうもん》一巻』）
・讖書《しんしょ》（未来予兆を記す書）
・兵法書（『太公六韜《たいこうりくとう》』『黄石公三略《こうせきこうさんりやく》』など）
・七曜書（天体における日月五星の位置を記した書物）
・太一、雷公式《らいこうしき》（占術の道具・式盤。またその占い方を記す占術書）

などの器具、書物の私有が禁じられた。また私に勉強することも禁止され、違反者は「徒《ず》一年」（「五刑」の一つ。獄につなぎ、強制労働をさせる）とされた（「職制律《しきせいりつ》」）。「天文」の知識は陰陽寮が独占したのだ。

さらに陰陽寮内部でも「秘書」や天体観測器具、天文・卜占書などが外部に持ち出されないように細心の注意を払うことが義務づけられている。また天体観測を専門に学ぶ天文生には「占書」を読むことを禁じ、観測結果を他に漏らしてはならないこと、などといった禁令が定められている（「雑令《ぞうりょう》」）。

まさしく「陰陽寮は陰陽・暦数、国家の重する所……」（『続日本紀』天平宝字《てんぴょうほうじ》二年〔七五八〕八月）とされたのである。つまり、この時代の占星術は、国家の運命に関わるトップシークレットであった。陰陽寮の役人たちは、「国家占星術師」の集団といってもいいだろう。現代ふうにいえば、国家公務員の占星術師ということになろうか。

何が「天文異変」なのか

では陰陽寮がチェックする「天文」の異変とはなにか。もっとも大きいのが日蝕《にっしょく》、月蝕《げっしょく》、彗星《すいせい》・流星である。それらの現象は、天が地にたいして示す、なんらかの前兆とされたわけだ。とりわけ日蝕は不吉な現象とされ、それが起きると天皇の住まいなどは莫蓙《ござ》などで覆われたという〔黒田日出男・一九九三〕。また天文・暦数の術が進むことで、天文計算によって、いつ日蝕になるかも予測することが可能となった。しかしその暦書がしだいに古びてきて、日蝕の予測があたらなくなってくる。それが原因で行われたのが江戸時代に問題となる「改暦」である〔詳しくは第四章、参照〕。

こうした日蝕、月蝕はそう頻繁には起きないが、かなりの頻度で起きる天文異変があった。「星の合犯《ごうはん》」という現象である。

星の「犯」「合」とは、星同士が見かけ上、接近して見えることをいう。接近の度合が0・7度以内は「犯」と呼び、0・8度以上離れた接近を「合」と呼ぶ〔角距離はふたつの星の距離を表すもので数が小さいほど近い〕。とくに星が月のなかに入るように見えることを「星蝕」といい、早く『日本書紀』にも「客星、月に入れり」〔皇極《こうぎょく》天皇元年〔六四二〕〕、「熒《けい》惑《わく》、月に入れり」〔天武天皇十年〔六八一〕〕などと見える。

こうした星の合犯は、天に現れた天変とされ、その現象の意味を占星術書によって占ったのである〔斉藤国治・一九八二〕。ちなみに西洋占星術でも、星の合犯を「コンジャンクション」と呼ぶ。

もちろん、星同士、惑星と月が見かけ上接近して見えることはよくあることで、現代の天文学では別段、奇異なことではない。

たとえば平成十六年（二〇〇四）十一月五日午前五時に、東の方角で金星と木星とが見かけ上、最接近する現象が起きている。夜明け近くに一瞬ふたつの星が重なってパッと輝いたのだが、それを安倍晴明が占ったならば、「軍隊の敗北、水害」（『晋書』天文志）という、きわめて禍々《まがまが》しい事態の前兆となるのだ。ちなみにその年は全国的に水害が起きて、また自衛隊がイラクに派遣された年である。平安時代ならば、そうした占いの結果を天皇に密奏するわけだ。彼らの占星術の基本図書は、『史記』天官書や『漢書』『後漢書』『晋書』天文志となっている。古代中国の英雄豪傑の活躍を描く歴史書の冒頭は、じつは占いのマニュアル本でもあったのだ。歴史は占星術の通りに進行した、という主張が込められているのだろう。

ところで中国経由の占星術は、国家全体や国王の運命を占うもので、「国家占星術」と呼ばれる。これにたいして、星と結びついた個人の運命を占う「個人占星術」の知識や方法は中国経由のものとは異なっていた。それはおもにインドからもたらされたもので、後に「宿《すく》曜道《ようどう》」と呼ばれるものになる。それが陰陽道と関わってくるのは、「個人」の運命、救済のことがクローズアップされる平安時代中期あたりからだ（詳しくは第二章、参照）。

いいかえれば、「陰陽道」の成立とは、国家全体の問題から「個人」の救済という信仰的な主題へ変化する時代とも関わっていたのである。それを担うのが、平安時代中期に登場してくる安倍晴明であった。

2　呪術・祭祀を担う陰陽師

「鬼」を追う陰陽師

テレビや映画などで活躍する陰陽師といえば、鬼と対決し、式神を操り悪霊を封じ、呪詛を打ち返すといった呪術師のイメージが強い。もちろんフィクションとしてかなり誇張されたところも多いが、歴史上の陰陽師たちも、実際に「鬼」を追い払う儀礼に携わっていた。それが奈良時代から十二月晦日の夜に行われている「大儺儀《だいなのぎ》」（のちに「追儺《ついな》」と呼ばれる。以下、追儺）の儀礼である。中国から伝わった鬼やらいの行事である。そう、現在の節分のルーツとなるものだ。現在の豆を撒《ま》く節分のスタイルは室町時代あたりから始まるという（『臥《が》雲日件録《うんにつけんろく》』）。

ではなぜ十二月晦日の夜に追儺が行われるのか。その理由は「陰陽」の説にもとづいていた。後漢時代の儒者・鄭玄《じょうげん》によれば、年の変わり目には陰陽のバランスが崩れ、「癘鬼《れいき》」という鬼が活動し、人に害をなすので「儺《な》」を行うという（『政事要略』巻二十、引文「鄭玄注」）。つまり追儺で追われる疫鬼《えっき》は、外から侵入してくるものではなく、陰陽のバランスの崩れた、その歳末の時期に発生してくる鬼であったのだ。原因は陰陽のバランスが崩れること。そして季節＝暦の変わり目の時期。

　ということであれば、そこで発生した疫鬼を追い出すのは、当然のごとく「陰陽」の専門家たる陰陽師の任務ということになろう。追儺で追われる鬼は、「季節」や「暦」「方位」という陰陽道の世界観がベースになっていたのである。

　ちなみに後世、鬼が牛のような角をもち、虎《とら》の皮模様のパンツを穿《は》く姿になったのも、陰陽説の方角にもとづく。鬼が出現する方角は「丑寅《うしとら》」（北東）で鬼門とされたからだ。

　では追儺はどのように行われるか。陰陽師はいかにして鬼を追い払うのか。古代の追儺の現場へ赴いてみよう。

十二月晦日、追儺の夜

　十二月晦日の夜。天皇が政治や儀礼を行う内裏《だいり》・紫宸殿《ししんでん》の南庭。そこに朝廷に仕える親《しん》王《のう》・大臣以下の多数の官人たちが集合する。「儺人《なびと》」という鬼追いの役人は桃の弓、葦《あし》の矢、桃の杖を持って鬼を追い払う。その先頭に立つのが「方相氏《ほうそうし》」と呼ばれる異形の人物だ。方相氏は黄金四つ目の異様な仮面をかぶり、黒い衣・朱裳《しゅしょう》を着し、巨大な盾と鉾《ほこ》を持つ。そしてその後には、紺布の衣、朱鉢巻をつけた「侲子《しんし》」という童子たちの集団が続く。

　やがて儀式が始まり、方相氏が鉾で盾を叩きながら「儺《な》やろう、儺やろう」と掛け声を発

方相氏と追われる鬼。鬼は手に「味物」を持っている（『政事要略』より）

平安神宮で再現された追儺。桃の枝の弓矢を射る

すると、ついてくる侲子や朝廷の役人たちも、その声にこたえて一緒に「儺やろう」と大きな声で叫んでいく。これを「儺声《だせい》」という。大声をあげることで鬼を追うのだ〔大日方克己・一九九三〕。現代でいえば「鬼は外〜」の掛け声だ。鬼が内裏の門の外に出ていくと、最後は朝廷の役人たちが、鬼めがけて弓矢を射掛ける。

注目されるのは、この弓矢が「桃の枝」「葦」で作られていることだ。「葦」は穢《けが》れを浄化する力がある植物。そして「桃」は、古代中国の道教信仰に関わる霊的な果物。中国の仙人たちは、不老長寿を果たすために桃の実を食べた。桃は邪気を祓い、健康を維持し、長生きさせてくれる仙果であった。仙薬としての桃のことは、四世紀成立の道教のマニュアル本『抱朴子《ほうぼくし》』などにも出る。その桃の枝を使った弓で、邪気＝鬼を追い払うわけだ。

ちなみに鬼退治する少年が、桃の実から生まれ「桃太郎」と呼ばれるのも、こうした信仰と関わるようだ。鬼退治する少年はかならず桃太郎。鬼退治するスイカ太郎やリンゴ太郎の昔話は存在しない。

また『古事記』『日本書紀』の神話にも、黄泉国《よみのくに》から逃げ帰ったイザナキが、桃の実を投げて黄泉国の鬼女（ヨモツシコメ）たちを追い払うエピソードが伝わっている。イザナキを助けた桃の実は、この世の人びとが苦しんでいるときは助けよとイザナキから「オホカムヅミ」という名前も与えられている（『古事記』）。まさに桃太郎のルーツだろう。なお陰陽師ブームで一躍有名になった京都堀川通にある晴明神社の境内にも、厄除けの「桃」が鎮座している。

晴明神社に鎮座する桃

陰陽師の祭文に見える「鬼」とは

では追儺の儀礼のなかで陰陽師はどんな役目をもつのか。陰陽師は、方相氏や朝廷の役人たちの鬼やらいの前に登場し、鬼やらいのための祭文《さいもん》を読みあげる。「祭文」とは、神社の神主が読む祝詞《のりと》のようなものだ。陰陽師が祭文を読みあげて、季節・自然界・冥界《みょうかい》を支配する道教系の神々を召還し、鬼を追う宮中の人びとを守護してくれるように頼む。同時に神祇官の神々も鎮まっていてくれるように祈る。そうしたガードがうまくいったら、いよいよ鬼たちを追い出す言葉が続く。以下、原文（読み下し文）を紹介してみよう。

穢《けがら》悪はしき疫鬼の、所所村村に蔵《かく》り隠らふるをば、千里の外、四方の堺《ほとり》、東の方は陸奥、西の方は遠つ値嘉《ちか》、南の方は土佐《とさ》、北の方は佐渡より乎知《をち》の所を、汝《なんじ》たち疫鬼の住みかと定めたまひ行《ま》けたまひて、五色の宝物、海山の種種《くさぐさ》の味物《ためつもの》を給ひて、罷《ま》けたまひ移したまふ所所方方に、急《すみやか》に罷き往《い》ねと追ひまふと詔《の》る。奸《かだ》ましき心を挟《わきばさ》みて、留《とど》まり隠らば、大儺《だいな》の公《きみ》、小儺《しょうな》の公《きみ》、五《いつくさ》の兵《つはもの》を持ちて、追ひ走り刑殺《ころ》さむものぞと聞《き》こし食《たま》へと詔る。

（『延喜《えんぎ》式《しき》』巻十六）

陰陽師は一方的に鬼たちを追い出したり、撃ち殺したりはしない。まず鬼たちを説得する。鬼の棲家《すみか》を日本の国の外に作ってあげ、さらにたくさんの食べ物を用意してあげるから、それぞれの棲家へ大人しく立ち去れと説得する。しかし言うことを聞かず、悪い心をもって隠れている鬼がいたら、盾や鉾を持った恐ろしい方相氏たちが捜し出して殺してしまうぞと脅かすのである。陰陽師は、一方的に鬼をワルモノとして決め付けるのではなく、まず食べ物をあげて説得する役目をもっているわけだ。

ちなみに現代の節分の豆まきの「豆」も、じつは鬼にあげる食べ物であった。この豆をやるから大人しく出て行ってくれという気持ちが含まれているのだ。

追儺で祭文を読み上げる陰陽師

陰陽師の祭文から見えてくるのは、追儺における「鬼」が一方的に撃退されるのではなく、祀られる存在でもあったことだ。食べ物を供え、祀るという発想である。これは日本の神信仰の特徴にも通じていよう。人びとに災厄をなす疫病や恐ろしい怨霊、御霊《ごりょう》も「神」として祀りあげるのである。陰陽師の祭文では、鬼は「穢らわしき疫鬼」と呼ばれ、疫神の一種であった。

古代宮廷では、神祇官という神祭祀を専門に行う部署でも、卜部《うらべ》という職掌（神祇官のなかで、占いや祓え、呪術を担う）の氏族が年中儀礼としての疫神祭祀を行っている。それを「道饗祭《みちあえのまつり》」という。

謂《いう》。卜部など京城四隅の道上において、これを祭る。言。鬼魅《きみ》の外より来るものは、敢《あ》へて京師に入らざらしめんと欲《ほっ》す。故に、預《あらかじ》め路《みち》において迎へて饗遏《きょうあつ》す。
（『令集解《りょうのしゅうげ》』巻七「神祇令」）

外からやってくる疫神を都の四つの境の道で迎え、食べ物で饗応《きょうおう》してから帰ってもらうという儀礼である。疫神にお供えをして、神として祀ってから送却するというものだ。陰陽師が関わる「追儺」はもともと中国から日本に伝わったものだが、日本に入ってからは、神祇官が行う疫神祭祀の影響を受けて、日本ふうにアレンジされて「祀られる鬼」という発想になったのだろう〔斎藤英喜・二〇一二a〕。ちなみに中国で行われていた「儺」では、方相氏に従う十二の神獣たちが鬼を食べてしまう儀礼になっている（『後漢書』）。

追われる鬼、祀られる鬼

ところで日本の民俗社会のなかでは、節分のときに「鬼は外～」ではなく、「鬼は内～」と掛け声をかける地域がある。たとえば奈良県吉野郡天川《てんかわ》村にある「天河《てんかわ》神社」の節分は

「鬼は内、福は内」と発する。天河神社の宮司の一族が鬼の子孫という伝承があるからだ。その鬼とは、修験道《しゅげんどう》の開祖として有名な役行者《えんのぎょうじゃ》に仕える「前鬼《ぜんき》・後鬼《ごき》」とされている。修験道とは、深い山に籠《こも》って修行し、人びとの病気などを治す呪力を得る教えだ。だから鬼とは、もともと山の神であったという説もある。

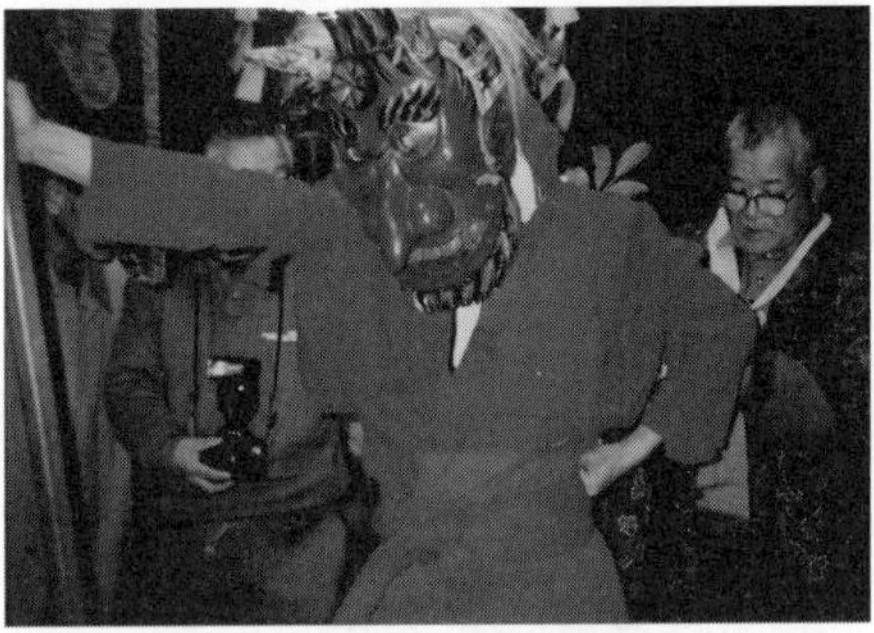

花祭に登場する「榊鬼」。愛知県豊根村

あるいは愛知県の「奥三河《おくみかわ》」と呼ばれる山間村落の地域で、毎年冬に行われる「花祭《はなまつり》」にも鬼が登場する。一晩中、村びとたちが竈《かまど》で沸かした湯を囲んで踊り舞う祭りだが（湯立神楽《ゆだてかぐら》という）、そのクライマックスに異形の仮面をかぶった「榊鬼《さかきおに》」が登場すると、人びとは「鬼さま、鬼さま」と熱狂し、鬼と一緒になって舞い狂うのだ。また体の不調な部分を榊鬼に踏んでもらって治すことも行われる。鬼は追い出すのではなく、神に近い存在として敬われ、しかし粗末にすると祟《たた》る恐ろしい存在であったのだ。

さて、ふたたび追儺の現場に立ち戻ってみると――鬼を追うのは異形の仮面を被《かぶ》った方相氏と呼ばれる存在であった。ところが史料のなかでは、彼の役割に変化が生じていることが見られる。十世紀ごろの追儺では、鬼にたいする饗応が鬼を追う方相氏にたいして行われた記録がある（『権《ごん》記《き》』）。鬼を追う方相氏を「祀る」というのは何か変な感じもするが、さらに十一世紀の宮廷の人びとは方相氏にむけて矢を射掛けたともいう（『江家次第《ごうけしだい》』）。また十四世紀になると、はっきりと方相氏が「鬼」の役目を務めたとも記されている（『建武年中行事』）。どうやら、鬼を追うべき方相氏が、いつのまにか鬼そのものと考えられていった経緯があったようだ（野田幸三郎・一九五三）。眼《め》に見えない鬼を方相氏という異形の存在に当てはめたのだろう。

実際、黄金四つ目の仮面の方相氏の姿は異形だ。中国では方相氏は葬送儀礼に携わるものの名称であったという。死の穢れに触れる存在だ。鬼を排除するものが、いつか鬼へと反転するという構造が見てとれよう。まさに鬼とそれを追い払うものとの「両義性」である。

なお古代の「追儺」は、現在、京都の吉田神社と平安神宮で再現されている。吉田神社では、方相氏とともに追われる鬼もちゃんと登場する。一方、平安神宮では、平安初期の文献記録を忠実に再現していて、陰陽師が祭文を読み上げ、方相氏たちが「儺（鬼）やろう」と掛け声をあげ、目には見えない鬼を追う。

わたしは以前、平安神宮の追儺を見物したことがあるが、そのとき、見物人の母親とおぼしき女性が子どもたちに、異形な姿の方相氏を指して「あれが鬼さんやで」と教えていた。

方相氏の両義性を現代において「再現」するシーンであった。

神祇官・僧侶の補佐から独自な祭祀へ

鬼を追う「追儺」のほかに、陰陽師が携わる祭祀、呪術とはどんなものがあるのか。たとえば平安時代初頭、多くの人びとを震え上がらせた早良《さわら》親王の怨霊事件にも陰陽師の活動の場があった。

延暦《えんりやく》四年（七八五）九月、桓武《かんむ》天皇の弟・早良親王は藤原種継《ふじわらのたねつぐ》殺害の嫌疑をかけられ、淡路島に配流される。その旅の途中に、無実を訴えながら自害し、遺骸《いがい》は淡路島に埋葬されたという。この事件の背後には桓武天皇との皇位継承をめぐる争いがあったらしい。後に早良親王の御霊が祟り、平安の都の皇族、貴族たちを脅かした。有名な早良親王怨霊説である。

怨霊と恐れられた早良親王は、延暦十九年（八〇〇）に「崇道《すどう》天皇」と追称され、墳墓は「山陵」と呼ばれた。それに陰陽師が関わっていた。

陰陽師・衆僧を率《ひき》ゐて、淡路国に在《まし》ます崇道天皇の山陵を鎮謝せしむ。

（『類聚国史《るいじゆこくし》』巻二十五）

陰陽師と僧侶がペアを組んで、「崇道天皇」の山陵の鎮め儀礼を行ったという記録である。僧侶が「霊」そのものを鎮め、陰陽師が山陵の山＝土地への鎮め儀礼を担当したのだろう。ちなみに陰陽師が「山鎮め」を行った例は延暦十六年（七九七）にも見られる（『類聚国史』）。土地の鎮祭は陰陽師の職能とされたようだ。

ここで陰陽師は単独で祭祀を行うのではなく、僧侶とペアを組んでいることが興味深い。そのペアの相手は「神祇官、陰陽寮をして解謝せしむ」（『続日本後紀』承和《じょうわ》十年〔八四三〕五月）といったように神祇官の官人の場合もあった。

この時代にあっては、陰陽師は単独ではなく僧侶や神祇官の補佐的な役割や代行といった役回りが多かったようだ。それがしだいに僧侶や神祇官ではできない、陰陽師独自の祭祀や呪術を生み出していった。たとえば九世紀半ばの記事を見ると、

> 外従五位下陰陽権助《ごんのすけ》兼陰陽博士・滋岳朝臣川人《しげおかのあそんかはひと》等を遣《つかは》して、大和国吉野郡高山《たかやま》において、祭礼を修せしむ。董仲舒祭法に云《いは》く、螟螣《めいとう》の五穀を賊害せし時に、害食の州県内の清浄処において、これを解き、これを攘《はら》ふ。故にこの法を用ゆ。
>
> （『日本三代実録』貞観《じょうがん》元年〔八五九〕八月）

陰陽博士・滋岳川人らが命じられて、大和国の高山で害虫を駆除する祭祀を行ったという記事である。陰陽寮の官人が単独で行ったようだ。注目されるのは、その祭祀法の典拠として「董仲舒祭法《とうちゅうじょさいほう》」なるものが用いられたところだ。

董仲舒とは、先に紹介した「天人相関説」を体系化した前漢武帝期の儒学者だ。『春秋繁露《しゅんじゅうはんろ》』などの著書もあるが、「祭祀法」に関わる著作は確認されていないようだ。だが実際に陰陽・五行説にもとづく祭祀を行い、効果をあげたという〔山下克明・二〇一〇〕。陰陽寮の官人が執行する宮城《きゅうじょうし》四角鬼気祭《すみききさい》や防解火災祭《ぼうげ》、代厄御祭《だいやくぎょさい》など、『董仲舒祭書』『董仲舒祭法』などを典拠とする祭祀が多数見いだされる。それらの著作は董仲舒に仮託したものらしいが、陰陽師が担う祭祀の重要な典拠とされていたようだ。陰陽師たちは、祭祀のほか、占いや暦注などの場合も、「本文」「本条」「本書」という典拠とするテキストを必要としたからである〔山下克明・一九九六〕。

とりわけ陰陽師たちが祭祀に関わる場合、祭祀専門である神祇官の官人（官僚）、中臣《なかとみ》や忌部《いんべ》、卜部《うらべ》などに対抗するためにも、「陰陽道」固有の祭祀法の典拠を必要としたようだ。中臣や忌部たちは『日本書紀』や『律令』、あるいは『古語拾遺』などのテキストを祭祀の典拠とする。それは祭祀の起源・由来を記す神話的な意味をもつ。そして神話テキストは、原典として確定されたものではなく、祭祀実行者たちの独自の解釈、注釈によって再創造されていくこともあった〔斎藤英喜・二〇一二a〕。

そうだとすると、陰陽師にとっての『董仲舒祭法』とは、彼ら独自の祭祀の由来・起源を語る、〝作られた神話〟であったのかもしれない。『董仲舒祭法』とは、陰陽師たちが僧侶や神祇官と関わるなかで、彼らと自らを差異化し、アイデンティティを確立していく過程で作り出されたことも見えてこよう。

こうした陰陽師が実修する祭祀、呪術のなかで、もっとも重要なものとなるのは、個人を対象とした「祓え」であった。

大祓から「すそのはらへ」へ

古代国家は、六月・十二月の晦日に「大祓」を行った。朱雀門《すざくもん》のまえに官人や女官たちが集合し、中臣が「大祓の祝詞」を読み上げ、卜部が配る御麻《みぬさ》に自身の罪・穢れを移し、流してもらうことで罪穢れを消去する儀礼である。国家単位で行う祓えだ。ちなみに天皇・皇后・皇太子は、それとは別に「御贖儀《みあがのぎ》」（後に「節折《よおり》」）という特別な祓え儀礼を宮中内部で秘かに行っていた（第二章「霊剣の呪法と陰陽師」、参照）。

ところで興味深いのは、こうした国家行事としての「大祓」が、十世紀後半から形式化、形骸化《けいがいか》して衰退していったことだ。記録には公卿《くぎょう》が誰も参列していないとか（『小右記《しょうゆうき》』天元《てんげん》五年（九八二）、あるいは女官たちが遅刻したために開始が夜になったとか（『左経記《さけいき》』寛仁《かんにん》三年（一〇一九）の記事が頻出する。また女官たちが「大祓」の欠席の理由として、「障り」があるためと申告してくる例もあった（次田潤・一九二七）。

一般に平安時代の貴族たちは、神経質なまでに「穢れ」を忌避するようになったと思われるだろう。そんな彼らがなぜ穢れを祓う儀式に消極的になるのだろうか。いや、逆なのだ。貴族たちが神経質なまでに穢れを忌避していくこと、つまり個人としての障りや罪、穢れを意識すればするほど「大祓」という国家単位の儀礼では、自分の障りや穢れは消去できないという自覚が生まれてしまう。その背後には、「平安京」という個人が生きる都市社会の成熟があった。都市に生きる貴族たちの日常生活で発生する穢れには、もはや「大祓」という国家儀礼では対処できない、というわけだ。

では、そうした貴族たちの私的な祓えは、神祇官の中臣や卜部たちが行ってくれるのか。それも問題となった。じつは神祇官の官人たちは、数多くの国家祭祀を執行する役目をまっとうするためには、多様な穢れが発生する貴族たちの私的な場にはタッチすることができなかった。国家祭祀遂行のために極度な「清浄さ」を要求される神祇官の官人たちは、私的な穢れを祓うことは不可とされたのだ（岡田荘司・一九八四）。

ここで神祇官の中臣に代わって、陰陽師が登場する。紫式部の『源氏物語』とともに王朝文化の代表として有名な清少納言『枕草子』に、こんな一節がある。

ものよくいふ陰陽師して、河原にいでて、すそのはらへしたる

（『枕草子』三十一段「こころゆくもの」）

祓えの祭文を巧みに読み上げる陰陽師に、河原に出て「すそのはらへ」をしてもらうのは、「こころゆくもの」＝気持ちがすっきりとするものだ……。「すそ」とは呪詛のことだが、ここでは特定の呪いを仕掛けられたということよりも、気分が悪い、体調が思わしくないときの原因を「すそ」と呼んでいるようだ。一種の病気治療にも近いだろう。

かくして十世紀末から十一世紀にかけて、貴族たちの私的な生活で罹《かか》る病気、あるいは出産、死穢《しえ》、そして呪詛に関わる祓えは、陰陽師たちが一手に引き受けることになる。そしてそこに登場する「陰陽師」は、陰陽寮という律令国家の官人であることを超えて、個人を対象とした呪術的祭祀を担う、特別な宗教的職能者としての「陰陽師」であった。ここに律令国家の役所としての陰陽寮を超えた、あらたな「陰陽道」という呪術的な宗教が形成されていくのである。

そう、紫式部、清少納言などと同じ時代を生きた陰陽師こそ、安倍晴明であった――。

3　安倍晴明をめぐる謎

安倍晴明はただの役人？

安倍晴明の実像は、いまだ多くの謎に包まれている。父は安倍益材《ますき》という名前は伝わっているが、母は不明。信太《しのだ》の森の妖狐《ようこ》というのは、もちろん後世の伝説だ。生まれたのは延喜二十一年（九二一）。古代の律令国家体制が変質しはじめたころである。亡くなったのは寛弘《かんこう》二年（一〇〇五）。八十五歳の生涯だ。当時としては、ほとんど人間離れした驚異的な長命であった。ちなみに、亡くなった年も、晴明は藤原道長や一条天皇の中宮・彰子《しょうし》のために陰陽師としての仕事をしている。まさに生涯現役であった。

小説やマンガ、テレビ、映画などに登場する安倍晴明は、ちょっと神秘的なたたずまいのニヒルな若い貴公子だが、記録のうえでは、晴明の若い時代のことは一切不明であった。少年時代に鬼の来るのを察知して師匠を救ったとか、貴族たちにせがまれて式神の術を使って蛙《かえる》を殺《あや》めたというのは有名なエピソードだが、それはすべて晴明の死後、平安末期に編纂《へんさん》された『今昔物語集』の説話である。あるいは次のような面白い伝承もある。晴明が大舎人《おおとねり》（天皇の身の回りに仕える下級官人）であったとき、瀬田《せた》橋のたもとで茲光《じこう》という男に「一道の達者」となることを告げられ、「陰陽師具曠《おんみようじともみ》」に弟子入りしようとしたが断られた。次に「賀茂保憲《かものやすのり》」のところに行くと、保憲は即座に晴明の「相」を見抜き弟子にしたという。これも鎌倉時代、十三世紀成立の『続古事談《ぞくこじだん》』（巻第五）に載るものだ。

　これにたいして安倍晴明が生きた同時代の史料から確認できるのは、四十歳のときに陰陽寮の「天文得業生《てんもんとくぎょうせい》」として、焼失した天皇守護の霊剣を再鋳造するため「五帝祭」という祭祀に関わったのが最初だ。それ以前の同時代の記録はない。四十歳で「学生」というのは、当時の通例の学制、官吏登用のルートからすれば、たいへんに遅い。晴明が天文生になるまでに様々な人生の曲折があったことが推測される〔武田比呂男・二〇〇二〕。彼が「天文博士」に昇進するのは、五十二歳なので、まさに遅咲きの人生であったといえよう。

　さて、同時代史料から浮かび上がってくる安倍晴明の実像は、映画やテレビ、小説のなかの若き呪術のスーパースターといったイメージとはまったく違う。地味で堅実な陰陽寮勤めの小役人というところだろう。鬼と戦い、悪霊を封じるような魔術師としての姿などは、まったくの虚構である、と。

　けれども、そうだとしたら、そんな地味な役人が、なぜ後世、様々な伝説に彩られた天才的な陰陽師として語られたのだろうか。誰もが感ずる疑問であろう。はたして本当に歴史上の安倍晴明は、ルーティンワークをこなしている「ただの官人」〔田中貴子〕でしかなかったのか——。

「道の傑出者」「陰陽の達者なり」

京都の晴明神社に鎮座する「安倍晴明公」像

安倍晴明の活動を記す同時代の史料には、以下のようなものがある。歴史学では「古記録」と呼ばれるものだ。

・平親信《たいらのちかのぶ》『親信卿記《きょうき》』
・藤原実資《さねすけ》『小右記《しょうゆうき》』
・藤原行成《ゆきなり》『権記《ごんき》』
・藤原道長『御堂《みどう》関白記』

これら貴族の日記に登場する安倍晴明は、天体の異変を密奏し、怪異現象を占い、行事の日時を選び出し、あるいは鬼気祭《ききさい》、熒惑星祭《けいわくせいさい》、泰山府君《たいざんふくん》祭、反《へん》閇《ばい》、追儺、玄宮北極《げんぐうほっきょく》祭といった陰陽道祭祀、呪術に携わっていることが見える。朝廷、天皇、貴族たちのために決められた行事に仕えている「役人」の姿が浮かんでこよう。同時代史料から見える安倍晴明の実像は地味な役人にすぎない、というのが歴史学からの見解だ。

けれども史料をさらに読み込んでみると、その奥からは、先例にしたがって、ルーティンワークをこなしているだけの「ただの官人」とは違う相貌《そうぼう》が浮かび上がってくる。

たとえば天皇や貴人が外出するとき「禹歩《うほ》」というマジカルステップを踏み、貴人が歩行する場の邪気を祓う「反閇」という陰陽道の呪術作法がある。晴明は長保《ちょうほう》二年（一〇〇〇）十月、一条天皇が新造された内裏に初めて入御するとき、先例とは違う作法で「反閇」を行っている。先例違反にもかかわらず、晴明は当時の人びとから「（陰陽）道《みち》の傑出者」として誉《ほ》めたたえられている（『権記』）。何事も先例の通りに、というのが常識の貴族社会では、きわめて異例なことといえよう。

また先に紹介したように、十二月晦日には内裏、京中から疫鬼を追い払う「追儺」が行われる。陰陽師が祭文を誦《よ》む重要な行事だが、長保三年（一〇〇一）閏《うるう》十二月は一条天皇の母が死去し諒闇《りょうあん》のために追儺を停止《ちょうじ》するという命令がでた。ところが晴明は私宅において追儺を執行した。すると多くの京中の人びとが晴明の追儺に呼応し、「儺やろう」という声を唱和したという。そこで晴明は「陰陽の達者なり」と賞賛された（『政事要略』）。こうした記事からは、たんに先例にしたがっているだけの小役人ではない姿が浮かんでこよう。

また病気治療、延命長寿の祭祀として行われる「泰山府君祭」や「玄宮北極祭」といった陰陽道祭祀そのものも、じつは晴明自身が創出した新例の儀礼であったようだ。とくに「泰山府君祭」は、『今昔物語集』など後の説話などにも取り上げられ、晴明を伝説化していった有名な陰陽道祭祀であるが、同時代の史料上も幼帝・一条天皇のために行った晴明の執行が初出であった(『小右記』永祚《えいそ》元年〔九八九〕二月)。さらに晴明が行ったその「泰山府君祭」は、前日まで予定されていた密教修法の「焔魔天供《えんまてんく》」に代わるものとして執行されたことが確認できる。その背景には、泰山府君祭が密教との競合・吸収のなかから晴明自身によって開発された儀礼であることが推測できるのである。

「泰山府君」とはもともとは中国の民間信仰にルーツをもつ、延命長寿をもたらしてくれる「神」であった。それが晴明の陰陽道に取りこまれて、あらたな神格をとげていったのだ(詳しくは第二章、参照)。このときの泰山府君祭の効験によって、貴族社会に泰山府君信仰が広がり、とくに藤原行成は晴明の指示にしたがって、早朝から泰山府君への祈りを行っていたこともたしかめられる(『権記』長保四年〔一〇〇二〕十一月)。

職業としての「陰陽師」

ところで『今昔物語集』をはじめとした説話集などでは、安倍晴明は当代一流の陰陽師と呼ばれるように、彼が「陰陽師」であることは誰も疑わないだろう。だが、その場合の「陰陽師」とは、陰陽寮という役所のなかの官職名ではなく「官制に関わらない職業としての陰陽師」と認識するのが正しいようだ〔山下克明・一九九六〕。

どういうことか。晴明が「陰陽師」として、一条天皇の外出に際して反閇という呪術を行ったり、道長の外出するときの日時を選定したり、また泰山府君祭、玄宮北極祭という延命長寿を祈る祭祀を執行しているときは、彼はすでに陰陽寮を退官し、主計権助《かずえのごんのすけ》（中央財政を管轄する役所の名目上の次官）、左京権大夫《さきょうのごんのだいぶ》（朱雀大路の東側を管轄する役所の名目上の長官）、大膳大夫《だいぜんのだいぶ》（朝廷の宴会料理を担当する役所の長官）など、別の役所の官人となっていた。にもかかわらず晴明は「陰陽師」として占いや呪術、祭祀を天皇や貴族たちに頼まれて行っていたのである。

ようするに陰陽寮をやめたあとのフリーの祈禱師、占術師として活動するのが「陰陽師・安倍晴明」の実像であったといえよう。陰陽寮を離れたあとも、彼が「陰陽師」として人びとの依頼、期待にこたえていたのは、陰陽寮という役所とは無関係に、自らの術や技でのみ活動しうる、「術法《ずつぽう》の者」（『続古事談』）として生きていたからだろう。まさに「道の傑出者」

「陰陽の達者」としての陰陽師である。

さらに晴明は、中止された追儺を私宅で行ったら、京中の人びとが呼応して、あたかも恒例のようであったと、明法博士《みようぼうのはかせ》・惟宗允亮《これむねのただすけ》に自慢げに伝えたり、あるいは一条天皇のために勤めた御禊《ごけい》に験《しるし》があったことを、藤原実資にわざわざ報告したりするように、晴明自身が自らの陰陽師としての功績を宣伝してまわっていたという、したたかな一面も見いだせる〔繁田信一・二〇〇四〕。「道の傑出者」「陰陽の達者」という人びとからの賞賛は、彼の実力であるとともに、自分を優れた陰陽師として喧伝《けんでん》していった背景が想像されるのである。このように貴族社会に広がっていく安倍晴明の「名声」が、後の伝説化のベースになったことは、充分考えられよう。

もう一度いえば、晴明が「陰陽師」として貴族社会で活躍したときは、すでに彼は陰陽寮から退官し、他の役職についていた。それは個人救済を担う「陰陽師」が、律令国家組織の陰陽寮とは別枠で活動していくことを暗示している。陰陽師としての安倍晴明は、陰陽寮の役人としてではなく、彼の個人的な技能や呪力で貴族たちとの私的な関係を結び、その救済を担った、まさにひとりの「宗教者」として生きたのである。ここにこそ安倍晴明の立ち位置を見定めるべきだろう。

いいかえれば、呪術職能者、宗教者としての陰陽師であるからこそ、儀式の先例に従うことなく、自分の判断で新しい作法やワザを編み出していくのだ。それは自分の師匠筋にあたる賀茂忠行《かものただゆき》、保憲や、兄弟弟子となる賀茂光栄《みつよし》とのあいだにも、指導や伝授、尊敬や従順・協調といった関係に収まらない、まさにワザと術に生きるものとしてのシビアな関係をも作りだすことになるのである。

ではなぜ「宗教者」としての陰陽師が登場してきたのか。その時代背景とは……。

平安貴族社会の宗教事情と「陰陽道」

晴明が生きた時代、平安貴族社会の宗教事情を説明しておこう。

安倍晴明が活動した十世紀後半とは、村上、冷泉《れいぜい》、円融《えんゆう》、花山《かざん》、一条天皇の治世にあたる。藤原兼家《かねいえ》とその子息、道隆《みちたか》、道兼《みちかね》、道長たちが「摂関」としての権力を握るために熾烈《しれつ》な争いを繰り広げた時代でもある。権力闘争に勝利した道長が「この世をば……」と謳歌《おうか》したことは有名なところ。

一方、この時代は律令国家の身分秩序が崩壊し、荘園《しょうえん》をめぐる領主権も流動し、さらに地方においては平将門、藤原純友《すみとも》の反乱（承平《じょうへい》・天慶《てんぎょう》の乱）が起きるなど、新興の武士勢力が貴族社会を揺るがすことになる。それは「平安京」とは名ばかりの「不安」の時代の到来を意味した。そうしたなかで、平安京という都市社会に生きる貴族たちは、変転する自己の

「運命」に敏感になり、また自己の死後の魂の「救済」をも求めることになる。

こうした平安貴族社会の人びとの救済を担ったのが仏教だ。それは奈良時代における「護国仏教」というあり方から、個人的信仰、救済を果たしてくれる宗教としての力をもっていった。平安貴族たちは、密教の加持祈禱によって病気や災厄を除き、延命を保証してもらい、一方、死後における救済は浄土教に従う「現世《げんぜ》安穏《あんのん》」「後生善処《ごしょうぜんしょ》」の二世安楽信仰を求めた。密教と浄土教は、平安貴族の個人的な救済において、相互補完的な役割を担ったのである（速水侑・一九七五）。たとえば熱烈な浄土教の信仰者であった藤原道長は、自ら加持祈禱を行ったともいう（山折哲雄・一九七六）。こうした「個人」としての救済志向の背景に、平安京という都市社会の成熟があったのは、いうまでもないだろう（西山良平・二〇〇四）。

さらに藤原道長が安倍晴明を私的に重用し、その呪術や占術の力に全幅の信頼を寄せていたように、貴族たちの救済の担い手として陰陽師も無視できない存在であった。貴族たちの日常生活に深く関わる暦や方位の禁忌、誕生日時の本命日《ほんみょうにち》の卜占（第二章、「山中他界から天界の冥府へ」参照）、そして呪詛にたいする祓え、延命長寿の祭祀、祈禱などを担うのが、陰陽寮という枠組みから離れて特定の個人を対象に活動していく、安倍晴明たち新しい「陰陽師」であった。そうした彼らのアイデンティティとなるのが「陰陽の道」、すなわち陰陽道であったのである。「道」とは、その道の専門家という意味をもつのだ（小坂眞二・一九八七』。

かくして陰陽道とは、密教、浄土教というふたつの宗教勢力にたいする、第三の新興勢力としての役割をもつことになる。いいかえれば、「陰陽道」は平安貴族たちの私的な救済を担うなかから成立したのである。

平安貴族社会に、密教、浄土教にたいする第三の新興勢力として登場した陰陽道――。陰陽道が貴族たちの私的な救済を担うことになったとき、陰陽師たちが向き合う、天界の星の世界も違った意味をもってくるだろう。貴族たちは、変転していく自らの運命の行方を「星」を通して知ろうとしたからだ。そこで天界の星と地上に生きる個人との繋がりを仲介するのが、平安時代の新しい陰陽師の任務となるだろう。

国家全体の運命を占う「国家占星術」から、個人の私的な運命を占う「個人占星術」へ。そうした変貌の現場に携わったのが、安倍晴明であったのだ。

次章では、陰陽師・安倍晴明の現場へと赴いてみよう。

第二章

陰陽師・安倍晴明の現場へ

テレビや映画、小説、マンガでも大活躍する陰陽師・安倍晴明の名前は、いまや知らない人はいないだろう。平安時代で知っている人の名前は？　という質問に「安倍晴明」と答える中学生も多いという。

けれどもその歴史的な実像を知っている人は、そういないだろう。彼はあまりに伝説に包まれた、神秘的なイメージが強いからだ。しかし安倍晴明とは平安時代の有名な人物たち、藤原道長や紫式部、清少納言たちと同じ時代を生きた実在の人物であり、「陰陽道」なるものの創出も、じつは安倍晴明と深い関係があったのだ。

第二章では、陰陽師・安倍晴明が繰り広げた陰陽道の祭祀、占い、呪術の現場へと迫ってみよう。

1　焼失した霊剣と五帝祭

天徳四年の内裏火災現場から

村上天皇の時代、天徳《てんとく》四年（九六〇）九月、桓武天皇の平安遷都以来、内裏は初めて大火災に見舞われた。その焔《ほのお》は天皇家の累代の宝物を納める温明殿《うんめいでん》にもおよび、後に「三種の神器」の八咫鏡《やたのかがみ》とされる内侍所《ないしどころ》神鏡や「大刀契《だいとけい》」という霊剣も被災することになった。鏡のほうは無事だったらしいが（『小右記』所引「故殿御日記」）、霊剣はほぼ焼失してしまったようだ。ちなみに鏡は焔のなかから自ら飛び出したなどという、伝説も生まれている（『古今著聞集』）。鏡は伊勢神宮のアマテラスの分霊として信仰が高まったようだ。

鏡のことは、詳しくは拙著（『アマテラス——最高神の知られざる秘史』）などに譲るとして〔斎藤英喜・二〇一一〕、ここで問題とするのは焼失した霊剣のほうだ。

霊剣は、その刀身に「十二神、日月、五星の体」が刻まれていた。天界の星々の力によって、天皇を守護する霊異ある剣であったのだ（「三種の神器」の草薙剣《くさなぎのつるぎ》とは別物である）。その焼失は、天皇の運命に関わるだろう。

そこで霊剣に鏤刻《るこく》された星々の文様を調査し復元するために、星の専門家たる陰陽寮の天文部署に宣旨《せんじ》（天皇からの命令）がくだされた。ここに安倍晴明が登場してくる。晴明はこのとき、四十歳になっていたが、いまだ天文得業生《てんもんとくぎょうせい》という学生身分。晴明の名前が初めて公的な史料のうえに登場してきたところだ。

それにしても学生身分でありながら、宣旨を受けたとは、さすが安倍晴明！　というところだが、じつは史料を調べてみると、天徳四年の功績は、それから三十七年後の長徳《ちょうとく》三年（九九七）五月、晴明が、天皇の秘書ともいえる蔵人《くろうど》・藤原信経《のぶつね》に語ったことにもとづくものだった（『中右記《ちゅうゆうき》』嘉保《かほう》元年〈寛治《かんじ》八〉〔一〇九四〕十一月二日、裏書「蔵人信経私記」）。

どうやら晴明が過去の功績を誇大に語った「自慢話」であったらしい。実際の任務は、晴明の上司・師である天文博士・賀茂保憲《かものやすのり》が中心となっていたのだが、晴明はあたかもそれを自分の功績であるかのように語ったようだ。これもまた、晴明が自身の陰陽師としての力を喧伝《けんでん》したひとつであったといえるだろう。なお、長徳三年の時、晴明は「蔵人所陰陽師」という別格の役職にあったのである。

それはさておき、ここでは霊剣鋳造の背景に、どのような陰陽道の思想や祭祀があるのかを探ってみよう。晴明が師の保憲を差し置いてまで、霊剣鋳造を自分の功績にしたかったのは、大刀契なる霊剣が陰陽道と相当深い関係があったからだ。

日月、北斗七星が刻まれた霊剣

まずは焼失した霊剣の素性をたしかめてみよう。鎌倉時代の辞書『塵袋《ちりぶくろ》』巻八によれば、焼けてしまった霊剣のひとつは疾病や邪気を祓う「護身剣」、もうひとつは「破敵剣《はてきけん》」（三公戦闘剣、将軍剣とも）という名前がついていた。さらに刀身には次のような文様が刻まれていた。

〔護身剣〕　左側　日形　南斗六星　朱雀《すざく》　青龍《せいりゅう》

〔破敵剣〕
右側　月形　北斗七星　玄武《げんぶ》　白虎《びゃっこ》
左側　三皇五《さんこうご》帝《てい》形　南斗六星　青龍　西王母《せいおうぼ》の兵刃符《ひょうじんふ》
右側　北極五星　北斗七星　白虎　老子《ろうし》破《は》敵符《てきふ》

刀身の両面に刻まれた日や月、南斗・北斗の星神、そして朱雀・青龍・玄武・白虎の四神の霊獣、あるいは西王母や老子に由来するマジカルな符……。来歴によれば、霊剣は百済からもたらされたものという。天皇が他所に行幸するときに、守護するべく用いられたとも、また派遣される大将軍に節刀として賜るものともいう。

もはや明らかであろう。二柄《つか》の霊剣には、道教や天文など陰陽道に関わる神々や護符が刻まれていた。天皇守護の霊剣に天体の星辰《しょうしん》を刻むのは、星の運行が国家や天皇の命運と不可分にあるからだ。星宿は威力をもち、つねに虚空を行き、吉凶の相を示す。あるいは人びとの生命は北斗七星の所管に属している、といった星辰信仰である。だからこそ、霊剣に星たちの姿を刻むのは、天文に通ずる陰陽寮の官人たちであったのだ。

五帝祭――召還される星辰神たち

火災の翌年、応和《おうわ》元年（九六一）六月二十八日、焼失した霊剣を再鋳造するために高雄山《たかおさん》の神護寺《じんごじ》で「五帝祭」という祭祀が行われた。祭祀は三日間籠《こも》って行われ、鏡などの祭具を必要とした大がかりなものであった。それを担当したのは、陰陽寮の官人たちである。

祝《はふり》（祭文《さいもん》などを誦《よ》む祭祀の司祭者）　天文博士・賀茂保憲
奉礼《ほうらい》（祭場の準備、進行役）　天文得業生・安倍晴明
祭郎《さいろう》（供物を差配する役）　暦得業生・味部好相《あじべのよしみ》

これは山下克明氏によって紹介された若杉家文書『反閇《へんばい》作法並事例』「大刀契事」によるものだが、天文得業生の晴明は、師にあたる天文博士・賀茂保憲の下にいて、祭礼の補佐をしていたことがわかる。

それにしても、大刀契の霊剣を鋳造し、そこに陰陽道系の神々の図様を刻むにあたって、どうして五帝祭なる祭祀を行う必要があるのか。

そもそも「五帝」とは、歳星《さいせい》（木星）・熒惑星《けいわくせい》（火星）・鎮星《ちんせい》（土星）・太白星《たいはくせい》（金星）・辰星《しんせい》（水星）の五星を神格化した「蒼帝《そうてい》霊威仰・赤帝《せきてい》赤熛怒・黄帝《こうてい》含枢紐《ちゅう》・白帝《はくてい》白招拒・黒帝《こくてい》叶光紀」を指すとも、「東方蒼帝東海君《とうかいくん》・南方赤帝南海君《なんかいくん》・西方白帝西海君《せいかいくん》・北方黒帝北海《ほっかい》君《くん》・中央黄帝君《こうていくん》」と解釈するともいわれる。あるいは「三皇」は、「天皇《てんこう》・地皇《ちこう》・秦皇《しんこう》」ま

たは「伏義《ふっき》・神農《しんのう》・女媧《じょか》」などの中国の伝説上の聖帝とも、あるいは紫微星《しびせい》（北極星）のまわりにあって補佐する三星ともいう。

霊剣に刻まれた三皇五帝、北極星、南斗、北斗、四神霊獣の文様は、たんなる図柄ではなかった。そこにはそれぞれの神々の霊、スピリットが宿っているのだ。つまり五帝祭の執行は、天上の星辰神を召還し、その力を刀剣のうえに憑依《ひょうい》させるための呪術的作法のひとつであったのだ。だからこそ、陰陽寮の専門家たちによる祭祀が行われねばならなかったのである〔山下克明・一九九六〕。

『陰陽師』第十一巻 392 頁　岡野玲子、原作夢枕獏／白泉社（メロディ）

これ以降「五帝祭」は、神器、重器、とくに節刀鋳造のときに行われることが定まったようだ（賀茂家『文肝抄《ぶんかんしょう》』）。なお安倍晴明たちの五帝祭の様子は、岡野《おかの》玲子《れいこ》氏のマンガ『陰陽師』第十一巻に、生々しい現場の臨場感をもって描かれている。

霊剣が鋳造される「六月二十八日」は、庚申《こうしん》の日にあたる。先に紹介した『塵袋』にも、「護身剣」の銘文に「庚申」に剣が造られたことが記されている。岸俊男氏によれば「庚申」の干支は、道教において造刀の吉日という信仰があった。さらに道教の庚申信仰は、北極星や北斗七星などの天象と結びつくことから、古代刀剣と星辰とが結びつくことが指摘されている〔岸俊男・一九八〇〕。

霊剣の呪法と陰陽師

実際、古代においては、刀剣に北斗七星や四神、日月形などの文様を鏤刻《るこく》する例は少なくない。有名なところでは、法隆寺金堂四天王像のなかの持国天《じこくてん》が持つ剣、聖徳太子が所持したとされる四天王寺の七星剣、あるいは正倉院北倉に納められた呉竹鞘御杖刀《くれたけのさやのごじょうとう》に刻まれた複数の星座中に北斗七星の星形があるという。それらも道教にもとづくものだ。晋の時代（四世紀）に、葛洪《かっこう》が編述した道教のマニュアル『抱朴子《ほうぼくし》』にも「身を防ぎ害を却《しりぞ》けんと欲せば……天文の符剣を帯ぶれば可なり」（道意篇）とある〔福永光司・一九八七〕。

古代日本においても、太刀、杖刀をもちいて「猛獣虎狼毒中精魅盗賊五兵」などを制圧し、その害を退散させていく呪術があった（『政事要略』巻九十五）。身体を固めて災厄を防ぐ

「持禁《じきん》」と、鬼神などを退散させる「解忤《げご》」のふたつの呪法である。これは奈良時代の典薬《てんやく》寮《りょう》に所属した呪禁師《じゅごんし》が執行した、マジカルな延命治療の医療法である。だが、この呪法はブラックマジック＝呪詛にも転じる危険性があるため、八世紀末には呪禁師の職掌が廃止されたようだ〔下出積與・一九九七〕。ただしその呪法の一部は陰陽師（陰陽道）のなかに継承されていったのである〔鈴木一馨・二〇〇二〕。

一方、天皇自身の祓え儀礼にも、刀剣の呪術が取り入れられている。六月・十二月晦日に行われる百官・人民全体を対象に行う「大祓」のときに、天皇、皇太子、皇后を対象に宮中の奥で執行された「御贖儀《みあがのぎ》」（後に節折《よおり》という）である。このとき陰陽寮とも関係をもつ渡来系氏族・東西《やまとかわち》の文忌寸部《ふみのいみきべ》たちが、天皇に「金刀」を捧《ささ》げて、

謹請《つつしみてこふ》　皇天上帝《くわうてんじやうてい》、三極大君《さんごくだいくん》、日月星辰《じつげつしようしん》、八方諸神、司命司籍《しめいしじやく》　左は東王父《とうわうぼ》　右は西王母　五方の五帝　四時の四気　捧ぐるに銀（禄《ろく》）人をもちてし　禍災《かさい》を除かむことを請ふ。捧ぐるに金刀をもちて、帝祚《ていそ》を延べむことを請ふ。

（『延喜式』巻八）

といった呪詞《じゅし》を唱える。天体を支配する最高神、星や日月などの神々を勧請《かんじょう》して、天皇に災

厄が及ばないように祈る儀礼である。天界の星たちと繋がっている天皇は、また星の霊力によって守護される存在でもあったわけだ。

さらに安倍晴明と霊剣鋳造をめぐって、面白い資料を紹介しておこう。安倍家に伝わった『陰陽道旧記抄』（鎌倉時代前期成立）という書物のなかに、晴明は天徳四年（九六〇）の火災のときに、霊剣鋳造を命じられたが、刀剣に刻まれた文様が不明であった。そのとき晴明は「式神」の神通力によって霊剣の文様を教えてもらい、そのとおりに霊剣を鋳造したという。式神を駆使して、様々な霊異を起こした晴明の神話的な相貌《そうぼう》が、ここにも見いだせる。なお式神の素性には様々な説があるが、陰陽師が占いで使う「式盤《しきばん》」に刻まれた神々に由来すると考えるのが、一番説得力がある（鈴木一馨・一九九八）。式盤には、北斗七星や二十八宿《しゅく》という星座の名前が刻まれており、まさしく天界の星と密接な繋がりがあったのである。

かくして「護身剣・破敵剣」の鋳造をめぐる現場は、陰陽道の思想、呪法の核心に関わるとともに、安倍晴明にとってもターニングポイントとなっていたのである。

2　呪詛と祓えをめぐる陰陽道

安倍晴明、解除を奉仕す

呪詛、呪い、調伏……。その言葉を聞くだに身の毛もよだつような禍々《まがまが》しく、おぞましい禁断の呪術は、安倍晴明をめぐるエピソードには欠かせない話題であろう。もちろん、物語や説話のなかの晴明は、呪詛を仕掛けられた貴人の身を守り、呪詛を祓う役回りだが、では同時代の史料のうえでも、そうした晴明の活動は見いだせるのだろうか。また呪詛を除去し祓う儀礼はどのように行われるのだろうか。

たしかに晴明が仕えた藤原実資《さねすけ》や道長といった貴族たちの身辺で起きた呪詛事件（とくに道長には）は、多数確認されている。一方、呪詛祓えについては、前章でも紹介した清少納言『枕草子』の「すそのはらへ……」が有名なところ。陰陽師が賀茂川（鴨川）の河原に下りて呪詛の祓えを行っているのは、貴族たちにとって日常的な風景であったのだろう。

晴明も天延《てんえん》二年（九七四）六月に「河臨御禊《かりんごけい》」に携わった記事がある（『親信卿記』）が、これは典型的な呪詛祓えであったようだ。また寛和《かんな》元年（九八五）四月十九日に、藤原実資の妻の産期が過ぎたのに出産の兆しがないので、晴明が「解除《げじょ》」という儀礼を行っている

（『小右記』）。出産が遅れている場合は、呪詛の可能性があった。生まれた子が女子ならば天皇のもとに入内《じゅだい》し、父親が外祖父になる可能性があるからだ。権力者の出産は、きわめて政治的な意味をもつのである。

たとえばこんな例がある。晴明が生まれる以前の時代、延喜三年（九〇三）のこと。醍醐《だいご》天皇の女御《にょご》・穏子《おんし》の出産が遅れたので占ったところ、殿舎の板敷きの下で白髪の老女が折れた梓弓《あずさゆみ》を使って「厭魅《えんみ》」をしていたことが発覚した（『政事要略』）。梓弓とは、死霊降ろしなどで使うシャーマニックな呪具。厭魅とはヒトカタなどを使う呪詛法のことだ。出産が遅れたときに晴明が行った「解除」も、こうした呪詛への対処、祓えと見てまちがいないだろう。

ところで「解除」とは陰陽師の行う祓えのことで、もともとは呪禁道《じゅごんどう》系の呪術をさす用語であったようだ。古代中国では刀杖を使って鬼神を駆逐することを「解除」と呼ぶ。だが、平安時代の史料に出てくる「解除」は、呪詛が掛かったときの祓えの場合が多い。

たとえば寛弘《かんこう》九年（一〇一二）、東三条院《ひがしさんじょういん》で「厭物《えんもつ》」が発見され、晴明の息子の安倍吉平《よしひら》、保憲の息子の光栄《みつよし》が協同して「解除」を行っている（『御堂関白記』）。また万寿《まんじゅ》四年（一〇二七）、実資の夢想に「呪詛気」が現れたので、中原恒盛《なかはらのつねもり》という陰陽師が「解除」をしている（『小右記』）。

呪詛を仕掛ける陰陽師とは

ではこうした呪詛を仕掛けるのは誰なのか。たとえば、法成寺《ほうじようじ》に出かけた藤原道長に仕掛けられた呪詛を安倍晴明が察知して、道長を助けるという、有名な話がある（『宇治拾遺物語』巻十四）。このとき呪詛を仕掛けたのは、堀川左大臣藤原顕光《あきみつ》から請け負った「道摩《どうま》法師」という人物であった。呪詛が発覚したために道摩法師は故郷の播磨《はりま》国に追放となった。

この話の舞台となっている「法成寺」の建立は晴明の死後なので「史実」ではないが、道長に呪詛を仕掛けた「道摩法師」は、後に「蘆屋道満《あしやどうまん》」の名前で、晴明のライバルとして仮名草子《かなぞうし》や浄瑠璃《じようるり》、歌舞伎などにも登場してくる、有名な敵役である。晴明に弟子入りしながら、晴明の妻と密通し、晴明を謀殺してしまう悪役だ。これまで「蘆屋道満」あるいは「道摩法師」は、フィクションの人物とされてきたが、最近の研究で、この人物が史料のうえに登場してくることが確認されている〔繁田信一・二〇〇四〕。

晴明の死後、寛弘六年（一〇〇九）の二月、一条天皇の中宮・彰子《しようし》、第二皇子の敦成《あつひら》親王、そして道長にむけた呪詛事件が発覚した。その経緯は『日本紀略』や『百錬抄』などの史料から円能《えんのう》、源念《げんねん》という「陰陽法師《おんみようほつし》」が関与していることがわかったが、さらに『政事要略』巻七十一に収録されている寛弘六年の呪詛事件の「罪名勘文」（裁判記録）には、陰陽法師のグループのなかに、なんと「道摩法師」の名前が出てくるのだ。蘆屋道満はまったくのフイクションではなかったようだ。

ここからは、平安貴族社会において呪詛を請け負う「法師陰陽師」あるいは「陰陽法師」と呼ばれる集団がいたことがわかる。道摩法師が播磨出身だったことから、同国には多数の「陰陽法師」がいたらしい。そもそも僧侶たちこそが、「陰陽道・前史」の段階では「陰陽」「暦」「天文」の担い手であったのだから、彼らのなかに「陰陽師」の呪術、占術に長《た》けているものがいるのも、なんら不思議ではない。

それにしても「陰陽法師」または「法師陰陽師」とは、いかなる存在なのか。そう、言葉のとおり法師でありながら陰陽師の仕事をしているものである。たとえば『今昔物語集』には、「陰陽師を為《す》る法師」、すなわち僧体の陰陽師たちが複数登場している。それは陰陽寮とは無関係な、民間や地方に在住する陰陽師であった。『今昔物語集』や『宇治拾遺物語』には、紙の冠を被って河原で祓えをしている法師陰陽師が、妻子を養うためにやむを得ず行っていると弁解するエピソードが載っている。また『春日権現験記絵《かすがごんげんげんきえ》』には、法師陰陽師らしい人物の姿が描かれている。

彼らが呪詛の請け負いだけではなく、祓えにも携わっていたことは、清少納言『枕草子』の「見苦しきもの」のリストのなかに、「法師陰陽師の、紙冠して祓したる」ことが出てくるし、あるいは『源氏物語』の作者の紫式部の歌集『紫式部集』の「……法師の紙を冠にて、博士だちをるを憎みて」という題詞のついた歌からもわかる。晴明クラスの上級陰陽師を雇うことができない中下級の貴族たちは、法師陰陽師たちを雇って祓えをしてもらっていたともいう〔繁田・二〇〇四〕。そうした光景が日常的に見られたのだろうが、紫式部や清少納言などの貴族女性たちの目には、嫌悪や軽蔑の対象でもあったようだ。法師陰陽師たちが、裏では「呪詛」を請け負うことが、彼らの常識となっていたからだろう。

それにしても、なぜ陰陽寮官人とは別に僧侶たちが「陰陽師」の仕事をしたりするのだろうか。それは晴明のような「陰陽師」が、陰陽寮という公的な役所機関を離れたあとも、自前の「陰陽師」として活動して、それが貴族社会に受け入れられる時代になったことと対応するだろう。法師陰陽師とは、じつは晴明たち「職業的陰陽師」のもうひとつの姿、裏の姿であったともいえよう。そして、第三章でも見ていくように、彼ら法師陰陽師の末裔《まつえい》たる民間の陰陽師たちこそが、晴明伝承を語り伝えたものであった。その実像は、次章以降で詳しく紹介しよう。

「中臣祓」という呪詞

陰陽師による解除＝呪詛祓はどのような作法で行うのか。「河原にいでて……」とあるように、基本的に河原で行ったようだ。そのために呪詛祓のことを「河臨祓《かりんのはらえ》」と呼ぶ（『陰陽道祭用物帳』)。また、二条《にじょう》、大炊御門《おおいのみかど》、中御門、近衛御門《このえ》、土御門《つちみかど》、一条の末、川合《かわい》という順で、鴨川の七つの瀬で行う祓えを「七瀬祓《ななせのはらえ》」という。晴明の師である賀茂保憲が応和三年(九六三)に執行しているのが早い例である。

安倍晴明と同時代に行われた呪詛祓=河臨祓の作法は、天禄《てんろく》三年(九七二)の記録が残されている(『親信卿記』)。

それによると、五寸の鉄・木・錫《すず》の人形、また等身大の人形が七枚用意され、また呪詛がかかった人物の「御衣《みぞ》」を箱に入れて、陰陽師が河原に出向く。そして七つの車・馬・牛・鶏を用意し、人形や御衣に、祓えの対象となっている人物の「呪詛の気」を移して、川に流すのである。ちなみに流すときに車や馬が七つ用意されているのは、『今昔物語集』に載る有名な賀茂保憲の少年時代のエピソードにも見ることができる。祓え処《どころ》(河原)において、恐ろしげな鬼神たちが船や車、馬などに乗ってちりぢりに送り返されるところを少年保憲が目にしたという話である。呪詛の気=鬼神を追い返すときの乗り物が用意されるわけだ。これも河臨祓の場面であったのだろう。

さて、こうした呪詛祓=河臨祓において読み唱えられる祝詞(祭文)があった。「中臣祓《なかとみのはらえ》」と呼ばれる呪詞である。「中臣祓」は、「中臣ノ祓ノ祭文《さいもん》」とも呼ばれ、たとえば寛弘五年(一〇〇八)の中宮・彰子の出産に際して、陰陽師たちが集められ「中臣祓」を読誦《どくしょう》したことが確認できる。その場面は『源氏物語』の作者、紫式部の日記にも記されているところだ（『紫式部日記』）。また平安末期、陰陽師と密教僧とが協同で呪詛返しの儀礼を行う「六字河臨法《ろくじかりんほう》」でも、陰陽師が「中臣祓」を読誦している（『阿娑縛抄《あさばしょう》』）。「中臣祓」は、後世、修験者や祈禱師、法者《ほさ》、太夫《たゆう》、地方陰陽師などの民間の宗教者がかならず用いるマルチタイプのお祓いの祝詞となっていくのである。

そもそも「中臣祓」とは、第一章でも記したが、六月・十二月晦日に、親王以下の百官の人びとが朱雀門まえに集合して行われた「大祓」の国家行事の場で、神祇官のトップである中臣氏が読み上げた祝詞に由来している。大祓は、朝廷に仕えるすべての官人をはじめ、天下のすべての人びとの「罪穢れ」を除去することを目的とした国家行事だが、前章でも説明したように、平安時代中期になると、そうした公的な祓えの効果が疑われて、実質的には形骸化したために、その代わりに陰陽師たちによる、個人的な病気、出産、死穢、そして呪詛に対処する祓えが頻繁に行われたのである。そのとき陰陽師が、中臣氏の読み上げた公的な「大祓の祝詞」の文句を独自に改変し、個人的な祓えに使ったのが「中臣祓」という呪詞であった。神祇官の手から離れ、陰陽師のものになったにもかかわらず「中臣」の名前が付くのは、まさに「中臣」の名前が祓え儀礼の重要なブランド名として認識されていたからだろう。

では陰陽師たちが「大祓の祝詞」を書き換えた部分はどこか。「中臣祓」との一番大きな違いは、その文末にあった。「中臣祓」(中臣祭文)の末尾を引こう。

今日より以後、遺《のこ》る罪といふ罪、咎《とが》といふ咎はあらじと、祓へ給ひ清め給ふ事を、祓戸《はらへど》の八百万の御神達は、佐乎志加《さをしか》の御耳を振りたてて、聞こし食《め》せと申す。

(『朝野群載《ちょうやぐんさい》』巻六)

人びとの穢れを取り除いてくれる「祓戸の八百万の御神達」にたいして、その力を発揮してくれるように、「中臣祓」という呪詞を聞かせるという内容である。陰陽師が自ら呪詞を読み上げ、祓戸の諸神たちに直接働きかけて、浄化の力を導いてくる。陰陽師自身のカリスマ性が要求されるところだ。晴明がその期待にこたえたことは充分考えられよう。先に紹介した、藤原実資の妻の出産の遅れに際しては、まず賀茂光栄(保憲の息子)が「解除」を行い、翌日に晴明がもう一度「解除」を担当している(『小右記』)。光栄だけでは不安なので、晴明が駄目押しをしたのだろう。

「祓戸の御神達」、もうひとつの素性とは

もうひとつ、陰陽師が使う「中臣祓」には、神祇官の中臣氏が読む「大祓の祝詞」から大きく変化していくところがある。人びとの罪穢れ、咎を祓い清めてくれる「祓戸の御神達」の素性である。まず「大祓の祝詞」ではこのように語られている。（原文にもとづいて、意訳）

高い山や低い山から流れ落ちていく激流の川の瀬にましますセオリツヒメよ、もはや残っている罪穢れはないものとして、すべてを大海原へと持ち出してください。遠い沖合いの潮の流れが集まったところにましますハヤアキツヒメよ、持ち出された罪穢れをすべて飲み込んでください。海底にある根の国・底の国へと通じるところにましますイブキドヌシよ、飲み込んだ罪穢れをすべて根の国・底の国へと吹き放ってください。根の国・底の国にましますハヤサスラヒメよ、吹き放った罪穢れを受け取って、きれいさっぱりと消去してください。

高い山から流れ落ちる川の激流から、最終的には海の彼方にある根の国・底の国へと罪穢れを押し出して消去する。まるでバトンリレーのように罪穢れを受け継ぎ、大海原へと押し

出すのが、セオリツヒメ、ハヤアキツヒメ、ハヤサスラヒメという三柱の女神たちである（イブキドヌシのみ男神）。この女神たちが穢れ、罪を消去してくれる「祓戸の御神達」であった。ちなみに民俗学者の折口信夫《おりくちしのぶ》が、穢れを祓う「水の女」の論を展開していったのは有名なところだ〔折口信夫・一九二七〜二八〕。

しかし陰陽師たちの読む「中臣祓」は、浄化する「水の女」たちを、次のような神格へと読み替えていった。

◇セオリツヒメ　閻魔《えんま》法王＝冥府《めいふ》の主宰神
◇ハヤアキツヒメ　五道《ごどう》大神＝地獄道・餓鬼道・畜生道・人道・天道を司《つかさど》る冥神
◇イブキドヌシ　泰山府君《たいざんふくん》＝人の寿命、栄華を支配する冥府の王
◇ハヤサスラヒメ　司命司録神《しめいしろく》＝冥府の戸籍を管理している神

（『中臣祓訓解《くんげ》』）

陰陽師たちは水の女神たちの奥に、道教、密教系の冥府の異神たちを発見していった。祓えの儀礼は、たんなる罪穢れの除去を超えて、人びとの生命の長からんことを祈念するといった目的も含みこんでいったのだ。ただ残念ながら、こうした「祓戸の御神達」のあらたな

素性を、安倍晴明自身が認識していたかを確認する史料はない。彼が生きた、もうすこし後の時代、平安末期以降に、祓戸の神たちの来歴をめぐる陰陽師たちの解釈が広がっていることは、密教系の神道書とされる『中臣祓訓解』というテキストに見いだすことができるのである。

神祇官の「大祓の祝詞」から「中臣祓」へと変転していく祓えの呪詞は、密教の僧侶たちの関与によって、まったく新しい祓えの神話へと生まれ変わっていくのである。国家儀礼の「大祓」にたいして、個々人の現世的な過失といえる「咎」が強調されるのも、それとリンクしよう〔桜井好朗・一九九三〕。そこには陰陽師と密教僧侶たちとの「共作」も想像できるかもしれない。実際のところ、陰陽師と密教僧侶とがライバル関係でありつつ、協同の祓え儀礼を行っていたことは、先に紹介した「六字河臨法」に見られるところだ。

ここでもっとも興味深いのは、「祓戸の御神達」の唯一の男神である、イブキドヌシのことを「泰山府君」として解釈していることだ。そう、泰山府君こそ安倍晴明を一躍有名にした冥府の神であった。

3　冥府の神、泰山府君

安倍晴明と泰山府君

陰陽師ブームの真っ最中に公開された映画『陰陽師』（監督・滝田洋二郎、原作・夢枕獏《ゆめまくらばく》）で、安倍晴明が「泰山府君の法」を使って友人の源博雅《みなもとのひろまさ》を蘇生させるシーンは、野村萬斎《のむらまんさい》演ずる晴明の華麗な舞姿とともに、多くの人びとの印象に残っているだろう。もちろん、そのシーンはフィクションだが、晴明と「泰山府君」との関係は、三井寺《みいでら》の僧侶・智興《ちこう》のために泰山府君の祭りを執行したという有名なエピソードから知られるように深いものがあった。『今昔物語集』などの説話によれば、師の身代わりを申し出た弟子の証空《しょうくう》をも、泰山府君が哀れんで師弟ともども命を延ばしてくれたという。「泰山府君」は、まさしく延命長寿をもたらしてくれる、冥府の神であったわけだ。

泰山府君のルーツは、中国の民間信仰にあった。山東《さんとう》の「泰山」は、古くから山岳信仰の聖地で、「五岳」の筆頭として東方の「東嶽泰山《とうがくたいざん》」とも呼ばれた。山上には、人間の寿命を支配し、それぞれの寿命を記した帳簿があると信じられた。その山に住むのが、泰山＝冥府の主宰者たる泰山府君である。ちなみに「府君」とは、漢代《かん》では郡を支配する太守の職名である。長寿、富貴、子孫繁栄、出世栄達などの現世利益《げんぜりやく》の信仰の対象とされたようだ。

だがインドに発生した仏教が中国に伝わるにおよんで、仏教の地獄や閻魔王、閻魔天の思想と交じり合い、泰山府君には、生前に行った善悪にたいする審判や刑罰などの執行者のイメージが付与されていった。ただし仏教（唐代密教）では、冥界の最高神ではなく、人間界の天子にあたる「閻魔王」、尚書令録（総理大臣）としての「泰山府君」、諸尚書（各大臣）の役割をもつ五道神といった、ランクづけがされている〔澤田瑞穂・一九六八〕。つまり泰山府君はトップではなかったのである。

そうした信仰が古代日本においては、「泰山府君」を中心におく独特な陰陽道祭祀へと作り替えられていった。そのキーパーソンこそ、安倍晴明にほかならなかった。

永祚元年、「泰山府君祭」誕生の現場

史料のうえで最初に泰山府君祭が行われたのは、永祚《えいそ》元年（九八九）二月十一日である。執行者は、いうまでもなく安倍晴明。その経緯を見てみよう。

藤原実資の日記『小右記』によると、二月十日、円融《えんゆう》法皇のもとに実資が参ったところ、日ごろ一条天皇の夢見が良くないとの仰せなので、「尊勝御修法《そんしょうみしほ》」「焔魔天供《えんまてんく》」「代厄御祭《だいやくぎょさい》」の執行を奏上した。そして翌日の十一日には、天台座主《ざす》の尋禅《じんぜん》による尊勝御修法（尊勝仏を本尊として、滅罪・除病などを目的に修《ず》す）は執行されたが、予定されていた焔魔天供、代厄御祭は行われず、その代わりに晴明による「泰山府君祭」が実修されたと記されている。

つまり晴明は、密教の焔魔天供、陰陽道の代厄御祭に代えて、あらたな泰山府君祭なるものを天皇のために行ったというわけだ。それは晴明による独自の祭祀法であったといえよう。

とはいえ、泰山府君祭は、まったくゼロから作られたわけではない。そのもとになっているのは「七献上章祭《しちけんじょうしょうさい》」「本命祭《ほんみょうさい》」といった、道教系の祭祀である。たとえば紀長谷雄《きのはせお》が仁和《にんな》四年（八八八）に執筆した「本命祭」の祭文には、「謹請《きんせい》　天曹地府《てんそうちふ》、司命司禄《しめいしろく》、河伯水官《かはくすいかん》、掌籍掌算《しょうせきしょうさん》の神」（『三十五文集』）といった神々に延命を祈る文句が出てくる。増尾伸一郎《ますおしんいちろう》氏によれば、「天曹地府」とは昊天上帝《こうてんじょうてい》と泰山府君を指すという〔増尾・二〇〇〇〕。また「司命司禄」は、寿命が尽きた人間を冥界に呼び出し、冥界での戸籍簿を管理している神である。「掌籍掌算」も人の寿命を支配する。すなわち「七献上章祭」とは、泰山府君祭の別名であったというわけだ。

このように泰山府君祭は、その起源から考えても道教系の要素が強いのだが、これに密教系の焔魔天供を習合させたところにこそ、晴明の発明があったようだ。泰山府君祭は、密教修法、仏書の影響抜きにはありえないという〔小坂眞二・一九八七〕。道教系だけではなく密教の教えをも取り込むことで、最強の泰山府君祭を作り出したのである。晴明が密教の「焔魔天供」に対抗するかたちで泰山府君祭を行った理由は、そこにあったのだろう。

　ではそもそも「焔魔天供」とはどういう儀礼なのか。「焔魔天供」とは、地獄の諸官たちを供養し、除病、除災、延命を祈る修法で「冥道供《みょうどうく》」ともいった。焔魔天供の本尊は「焔魔天」（閻羅天《えんらてん》）を中心に、毘那夜迦《びなやか》、成就仙《じょうじゅせん》、遮文荼《しゃもんだ》、荼吉尼《だきに》といった焔魔天の眷属《けんぞく》を配し、さらに泰山府君、五道大神、司命司禄といった道教系の神々をも含み込む曼荼羅《まんだら》を用いる。ここで密教系の修法のなかに泰山府君も取り込まれていく。その修法の次第を記すのが『焔《えん》羅王供行法次第《らおうくぎょうほうしだい》』である。『焔羅王供行法次第』には「能《よ》く王に乞《こ》ひて死籍を削り、生籍に付す。病者の家に到らば、多く大山府君（泰山府君）の呪を誦《ず》す」という記述がある。「呪」を唱えて延命を直接願う相手は「泰山府君」となるのである。

　晴明は、この密教の教説から、直接的に除病、延命を願う相手は「泰山府君」にあることを見いだし、泰山府君そのものを主神とした「泰山府君祭」を一条天皇のために執行したのではないだろうか。延命祈願ならば、泰山府君そのものに直接コンタクトをとるほうが効果がある、という理屈である。そして泰山府君とのコンタクトを可能とするのは、密教僧ではなく「陰陽師」たる自分にあると、晴明は主張したのだろう。史料の背後にはこうした事情が読み取れるのである。

　永祚元年の泰山府君祭の執行以降、晴明による祭祀実修の様子は、長保《ちょうほう》四年（一〇〇二）、藤原行成のために行った記録から見られる（『権記』）。

晴明朝臣《あそん》をして、太（泰）山府君を祭らしむ。料物、米二石五斗、紙五帖《じょう》（利成《としなり》の許《もと》よりこれを送る）、鏡一面、硯《すずり》一面、筆一管、墨一廷、刀一柄、家よりこれを送る。晩景、都状《とじょう》等、十三通を送る、加署をしてこれを送る。

（長保四年〈一〇〇二〉十一月九日）

日の出。左京権大夫《ごんのたいふ》晴明朝臣の説くによりて、泰山府君に幣《ぬさ》、紙銭を捧ぐ。延年益算の為なり。

（同年、十一月二十八日）

藤原行成は、安倍晴明に祭らせたあとは、彼の指示にしたがって、早朝、泰山府君に供え物を奉ることをしている。これ以降、平安時代後期から院政期にむかって、泰山府君祭は、貴族社会に定着していったようだ。そのなかで、陰陽道の神・泰山府君の力は、さらに多様な領域へと広がっていく。それは安倍晴明に由来するものとして、その執行は安倍家陰陽師で独占されていくのである。

たとえば天仁《てんにん》二年（一一〇九）六月には、六月祓《みなづきばらえ》に続けて泰山府君祭が行われる。その理由は「夢想の告げ」によるものという（『殿暦《でんりゃく》』）。また承保《じょうほう》四年（一〇七七）九月の泰山府君祭の都状（祭文）では、藤原伊房《これふさ》が、「父の愛子《まなご》」である病気の娘のために泰山府君を祭ったという（『三十五文集』）。女性に関わる泰山府君祭としてめずらしいものだ。あるいは永久《えいきゅう》二年（一一一四）十一月の泰山府君都状には、藤原為隆《ためたか》が泰山府君を祭れば「加給思ひの如く」といったように、官位の昇進を祈るという文言も見える（『朝野群載』）。冥府において寿命を司る泰山府君は、現世における栄達をも可能にしてくれる神として信仰されていったようだ。

泰山府君祭の都状（祭文）

では陰陽道の泰山府君祭は、どのように行われるのか。そのポイントは、陰陽師が読み上げる「都状」（祭文）である。残念ながら、晴明自身がもちいた泰山府君祭の都状は残されていないので、晴明にもっとも近い時代の、永承《えいしょう》五年（一〇五〇）十月十八日付け、後冷泉《ごれいぜい》天皇のために執行された泰山府君祭の都状を紹介しよう。そこにはどんなことが書かれているのか。以下、意訳したものを載せる。

謹んで泰山府君、冥道《みょうどう》の諸神たちに申し上げる。わたし（後冷泉天皇）が天皇に即位してから、いまだ幾年《いくとせ》もたたないのに、天体に変があらわれ、黄地は妖《よう》をもたらし、物怪《もっけ》が数々生じ、悪い夢想は数限りない。天文博士、陰陽師から奏上してくる報告もけっして軽くはなく、その徴《しるし》ははなはだ重たい。もし冥道の恩助を受けることができなければ、どうして人間世界の凶厄を祓うことができようか。そこで禍《わざわい》を未然に払い、天皇の命運を将来に保つために、敬って供え物を設け、謹んで冥道の諸神に献上する。（中略）伏して願わくは、彼《か》の玄鏡を垂れ、わたしの祈りに答えて、災厄を払い除き、天皇の命運を保ち、死者としての戸籍を北宮《ほっきゅう》から削り、生者としての名前を南簡《なんかん》に登録し、延年増算、長生久しからむことを、謹んで申し上げる。

（『朝野群載』）

泰山府君祭の都状では、天皇自身が直接、泰山府君に申し上げるというスタイルをとる。ちなみに「都状」とは、手紙という意味がある。それを陰陽師が天皇に代わって読み上げるわけだ。相手となる「泰山府君、冥道の諸神」は「十二座」と数が定まっていて、「銀銭二百四十貫文」「白絹百二十疋《ぴき》」「鞍馬《あんば》十二疋」「勇奴《ゆうど》三十六人」が、冥府の神々に奉られる供物となっている。ちなみに「勇奴」は、生贄《いけにえ》となる人ということだが、もちろんここでは実際の人間ではなく紙で作ったヒトカタが用いられる。

泰山府君以外の冥道の神々とは、どんな神々なのだろうか。永久二年（一一一四）の都状によれば、泰山府君のほか「五道大神、天官、地官、水官、司命、司禄、本命、同路将軍、土地霊祇《れいぎ》、永視大人」の名前が記されている。

さて、泰山府君祭の都状にたいする延命祈願で要《かなめ》となるのは、最後の一文である。すなわち「死者としての戸籍を北宮から削り、生者としての名前を南簡に登録し」の部分だ。冥府の王（長官）である泰山府君に、冥府＝泰山に記録されている死者としての戸籍を抹消してもらい、生者のほうの戸籍に再登録してほしいと願う。それゆえ、天皇が個人として泰山府君に手紙を出して請求するスタイルになる。それはきわめて具体的な延命祈願の発想といえよう。その交渉の仲介を行うのが陰陽師の任務、ということになるのである。

山中他界から天界の冥府へ

泰山府君の信仰は、泰山という山に死者の戸籍が記録されているという発想だ。それは民俗学などでもいわれる「山中他界」の信仰ともリンクしよう。しかし、先に紹介した都状をよく読むと、冥府の所在地は天界の世界に繋がっていくことが見てとれるのだ。それはどういうことか。

都状によれば「死者の戸籍」を「北宮」と呼び、生者のほうは「南簡」といっている。その発想の根底には中国の『捜神記《そうじんき》』という説話集に出てくる、人の死を司る「北斗」、生を司る「南斗」という思想があるらしい。

また速水侑《はやみたすく》氏によれば、密教修法の「焔魔天供」「冥道供」は、しばしば北斗七星を供養する「北斗法」と一緒に執行され、また焔魔天供、冥道供で僧侶が読む祭文には、北極星（北辰）を祭祀する「尊星王祭文《そんしょうおうさいもん》」の形式が使用されたという。平安後期にあっては、陰陽師とともに密教の僧侶たちも競って「星祭り」を執行した。そしてその星祭りの目的は、ほとんど冥府、冥道の諸神への修法と同じものであったという〔速水・一九七五〕。密教には「星曼荼羅」も作られるのである。

それにしても、なぜ人の生死を司る泰山府君が星の信仰と結びつくのか。ここに見えてくるのは、個人の運命は「星」に支配されているという信仰だ。それは本命星《ほんみょうしょう》とか属星《ぞくしょう》という考え方である。人の生まれた干支《かんし》を五曜星（火・水・木・金・土）に配して、その星が一生の善《よ》し悪《あ》しや寿命を司るとみなすものだ。

さらに古代中国の道教系の思想では、北斗七星が北極星とともに人の生命を司る司命星《しめいせい》とされる信仰が生まれ、「本命星」を北斗七星のなかの星に配当する信仰もある。人は生まれ年の干支から北斗七星のいずれかの星に属しているとされるのである。その信仰は、陰陽道

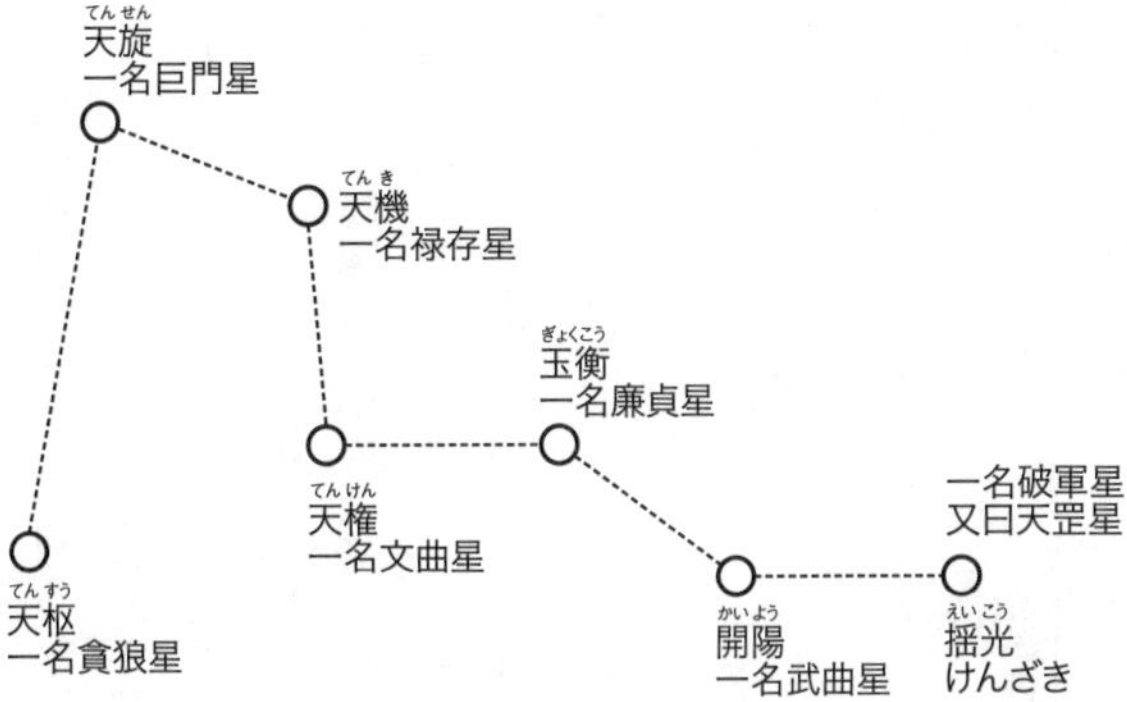

北斗星の図説（出典　『万暦大成』）

の基本図書とされた『五行大義』のなかにも定められている。以下のようになる。

貪狼星《たんろうせい》　子《ね》年
廉貞星《れんていせい》　辰《たつ》・申《さる》年
巨門星《きょもんせい》　丑《うし》・亥《い》年
武曲星《ぶきょくせい》　巳《み》・未《ひつじ》年
禄存星《ろくそんせい》　寅《とら》・戌《いぬ》年
破軍星《はぐんせい》　午《うま》年
文曲星《ぶんきょくせい》　卯《う》・酉《とり》年

ここから人の生まれ年による「属星」という考え方が定まり、延命長寿のために、自分の属星を祈る北斗七星祭祀も生まれていったのである。

かくして泰山という山＝冥府は、一気に宇宙空間へと上昇していく。人間の寿命、運命を支配している天体の星の世界と「泰山」とが重ねられていったのだ。干支による生まれ年の選定、そして天体の星の世界との結びつき。それは天と人との相関関係を前提とする陰陽道の思想にとって、もっともふさわしい世界観といえよう。

もう一度いえば、平安時代前期までの陰陽寮の「天文」は国家の運命を占う国家占星術であったが、ここではそれに加えて個人の運命を司る「星」の姿が浮かび上がってくる。それもまた、陰陽道が個人救済の宗教として成熟していく過程といえよう。晴明が開発した泰山府君祭は、そこにリンクしていくわけだ。

そして晴明は若き時代、「天文生」として夜空を見上げ、星の動きをチェックする、まさに「星を観《み》る人」＝スターゲイザーであった――。

4　火星を祭る

「熒惑星祭」と安倍晴明

平成十五年（二〇〇三）の夏の夜空は、ひときわ赤く輝く火星を見ることができた。火星と地球が五万七千年ぶりに最接近した年であったからだ。そしてその年の九月には、火星と月が並んで見える「ランデブー」の天体ショーが、多くの天文ファンを楽しませた。

けれども、一千年まえの安倍晴明にとっては、月と火星が並んで見える現象は、禍々しき火星＝熒惑星が月を犯す、とてつもなく不吉な出来事であったのだ。一千年まえならば、それが何の予兆かを古代中国の占星術書にもとづいて占い、天皇に秘かに上奏しただろう。「天文密奏《みつそう》」である。ちなみに熒惑星は「その国に兵乱が起こること、賊の害の起こること、疾病、人の死、飢餓、兵戦を支配する星」（『史記』天官書）として恐れられたのである。

実際、一千年まえ、晴明は、熒惑星の変異にたいしてその職務を執行している記録がある。永延《えいえん》二年（九八八）八月、安倍晴明が六十八歳のときだ。

その年の八月七日、熒惑星が軒轅《けんえん》女王星（しし座のアルファ星、光度1・3）と接近したために、天皇、皇后に「御慎み」のことあり、という奏上があった。ちなみに「軒轅女王星」とは、天文博士たちの基本図書の『晋書』天文志によれば「軒轅は黄帝の神であり、黄龍の本体である。皇后や后にかんすることをとりしきる官職である」（山田慶児訳『晋書』天文志）と定められている。その星を熒惑星が犯すのだ。とりわけ熒惑星が軒轅に入って動かないことは「天子、諸侯が忌みきらう」（『晋書』天文志）とされている。それゆえ、その災厄から逃れるために、天皇、皇后の「御慎み」となったわけだ。ちなみにそれをリードしたのは、一条天皇の外祖父の摂政・藤原兼家《かねいえ》である（兼家の娘の円融天皇の女御・詮子《せんし》が一条天皇の母）。

しかし、このときはただ「御慎み」ですまなかった。熒惑星の災厄から天皇の身を守るために「呪術」「祭祀」が執行されたのだ（ただしこのとき一条天皇はまだ九歳で、皇后はいない）。

そこで天台座主《ざす》・尋禅《じんぜん》に比叡山延暦寺の惣持院《そうじいん》で「熾盛光御修法《しじょうこうみしほ》」を執行させた。「熾盛光仏」とは、仏の毛穴から燃え盛る光焔《こうえん》を発することにちなむ名前で、熒惑星の災厄にたいして「熾盛光御修法」を行うのは、いわば火星から発せられる邪悪なる光を、仏の聖なる光でガードしようという発想である。

一方、このとき安倍晴明は「熒惑星祭」の執行を具申して、その執行が決定された。密教儀礼と陰陽道儀礼を併行することで、よりガードを固めるという趣旨だろう。もちろん、どちらかの効験があればよい、というのも権力者側の判断だ。

しかしこのとき、なぜか晴明は、熒惑星祭を執行しなかった。そのために八月十八日、晴明は「過状」（始末書）を提出させられている（『小右記』）。どういう理由で熒惑星祭をサボったのかは不明だが、あるいはこのときの行事が一条天皇の外祖父の兼家主導で行われたことへの政治的な配慮もあったのかもしれない。

国家占星術から個人占星術へ

もう一度、晴明の経歴を見てみよう。彼は天徳四年（九六〇）には天文得業生であったが、天禄三年（九七二）には、師の賀茂保憲のあとを受けて、天文博士に昇進している。陰陽寮における天文博士の一番重い任務は「天文密奏」にあった。先ほどの熒惑星と軒轅女王星の接近のように、天体の動きに異変があったとき、そこになんらかの予兆を読み取って、秘かに天皇に奏上する仕事である。天文博士のみが可能な権威ある職務であった（ただし、このシステムは中世になると変質する。詳しくは第三章、参照）。

記録によれば、天文博士・安倍晴明は、三回、天文密奏を行っている。

天禄三年（九七二）十二月六日
　前月の二十日、歳星（木星）が他の星を犯す。また今月四日、月と太白（金星）とが接近している。
天延元年（九七三）正月九日
　二日、白虹《はっこう》が日をめぐる。五日、白気が艮《うしとら》、坤《ひつじさる》に亘《わた》る。七日、鎮星（土星）が東井第五星を犯した。
天延二年（九七四）十二月三日
　三日、鎮星（土星）が第四星を犯した。

（『親信卿記』）

天体の変異を密奏する天文博士の職務は、中国天文家の説にそった星辰《しょうしん》観、すなわち天界に起きる星の変則的な動きは天帝が地上の王へ示す意思と見る考え方にもとづく。天体観察や占星術は国家の運営と密接に関わる。「国家占星術」である。

こうした天体の変異にたいして、それから身を守るための修法が密教によって開発された。その代表が真言密教（東密）の「大元帥法《だいげんほう》」であり（真言密教では伝統的に「だいげんほう」と読む）、天台密教（台密）の「熾盛光法《しじょう》」である。それらは天皇護持、国家守護のため「悪星の変怪」を消滅させるために修された、きわめて公的な修法である。「天変消除」が鎮護国家に結びつくのだ。

しかし速水侑氏によれば、十世紀以降、天皇＝国家護持のための護国修法は、しだいに天皇個人の安泰を守るためという方向に変化したという。「天変」の意味が、国家の運営への災いを示すという意味から、日月《じつげつ》、五星の変異や妖星《ようせい》が天皇や貴族個人の「命宿《みょうしゅく》」＝個人の一生を支配する星を侵犯し、寿命を縮めるという意味に解釈されていったのである〔速水・一九七五〕。

この点について、山下克明氏は「熾盛光法」は、インド占星術の知識をもとにして、個人の「本命宿」（自分の生まれた時刻に、月が二十七の宿のどこにいたかで一生の運命を見る）にたいして妖星や悪星が侵犯、あるいは「本命宮」（黄道を十二等分した十二宮をもとに、自分の生まれたときに太陽が十二宮のどこにいたかでその人の運命を見る）にたいして、日月、五星、また日蝕《にっしょく》、月蝕《げっしょく》を起こす悪星とされた羅睺《らごう》・計都《けいと》が侵犯すると、その個人の運命に災厄が起きると考えた。そうした「個人的星厄」を消除する目的で熾盛光法が修されたというのである（山下・一九九六）。ようするに、個人の運命と星とを結びつける、「個人占星術」の成立が背景にある、ということだ。

では、個人占星術の背景にある「インド占星術」とはなにか。

バビロニアの安倍晴明？

もう一度確認すると、安倍晴明の陰陽道占星術の源流は古代中国に起源する「国家占星術」にあった。国家全体の運命を占うものだ。一方、古代中国には、それとは異質なインド系の占星術の書物も伝わっていた。特定の個人の運命を占う「ホロスコープ占星術」（個人の誕生時の各惑星の黄道上の位置を記した天宮図を使う占星術）だ。十二宮や二十八宿という「星座」が占いのベースになる。それらは『摩《ま》登伽経《とうがきょう》』や『舎頭《しやず》諫太子《かんたいし》二十八宿経』、あるいは『都利《とり》聿斯経《いつしきょう》』『聿斯《いつし》四門経《しもんきょう》』といった経典の名前がついている。仏の教えが説かれた書物かと読んでみると、なんと星占いの本だった、というわけだ。

こうしたインドで発達した個人占星術は、ギリシャにルーツがあった。西暦二世紀ごろの、アレクサンドリアのプトレマイオスが、同時代のもっとも有名な天文学者であり、占星術師でもあった。彼が書いた占星術書の『テトラビブロス』〔四部書の意〕がインド占星術に影響を与えたのである。ギリシャ占星術はイスラム諸国に多数輸入され、そしてイスラム諸国と深い交渉があった唐の時代には、イスラム占星術を経由してギリシャのそれが伝わったらしい〔藪内清・一九九〇〕。さらに矢野道雄氏は、『聿斯四門経』はプトレマイオスの『テトラビブロス』のシリア語訳、またはペルシャ語版からの翻訳の可能性を示唆し、さらに「都利聿斯」がプトレマイオスの名前そのものであったという仮説も提示している〔矢野・一九八六〕。

こうした文明移動の背景にあるのが、紀元前三〇〇年代のアレクサンドロス大王の「東方遠征」以降の「ヘレニズム文明」の繁栄である。そしてさらにギリシャ占星術のルーツをたどると、驚くべきことに紀元前三〇〇〇年の昔に栄えた「メソポタミア文明」にまで行き着く。とくに紀元前六〇〇年ごろのカルデア王国〔新バビロニア、現在のイラク南部〕の天文学は隆盛を極めていたのである。ちなみにギリシャでは天文学〔占星術〕は「カルデアの学」と呼ばれる。なんと安倍晴明の陰陽道の深層は、遠く紀元前のメソポタミア文明、バビロニアにまで遡《さかのぼ》っていくのである。星占いは、文明の交流史のなかにあったのだ〔矢野道雄・二〇〇四〕。

これらインド系、ギリシャ系の占星術書は、それまでの古代中国の天文学や占星術とは異なる、新しい知識や技術として、唐の時代に広まっていったようだ。国家の運命ではなく、特定の個人の運命を占うことができる占星術である。ただしそれは中国では根付かなかったようである。その代わりに個人占星術は、日本に伝来し、発展していった。それを「宿曜《すくよう》道《どう》」という。

宿曜道と陰陽道との競合

『源氏物語』冒頭の「桐壺《きりつぼ》」の巻に、桐壺帝の子として誕生した光源氏の運命を占うために「すくようのかしこき道の人」が登場してくる。それは宿曜師と呼ばれる人たちだ。仏教系の占星術師ともいう。

「宿曜道」のもとになっているのは、平安時代初期に、唐にわたった空海が持ってきた『文《もん》殊《じゅ》師《し》利《り》菩《ぼ》薩《さつ》及諸《しょ》仙《せん》所《しょ》説《せつ》吉凶時日善悪宿曜経』、略して『宿曜経』という経典にある。その内容として、二十七宿と十二宮との関係、二十八宿それぞれの性格、七曜がそれぞれの宿を犯した場合の吉凶、七曜およびその十二位上での吉凶などを記している〔山下克明・一九九六〕。

藪《やぶ》内《うち》清《きよし》氏によれば、『宿曜経』は仏典中の占星書として画期的なもので、インド系さらにイラン系の占星術を総合した、仏教徒のあいだでももっとも権威があった書物という。とくにマニ教徒の使ったソグド語の「ミール」の音訳「密〔蜜〕」が暦注に書き込まれている点など、同書が文化的な広がりのなかで成立したことが指摘されている〔藪内・一九九〇〕。

しかし『宿曜経』だけでは、特定の個人の運命を占うことはできなかった。個人占星術には、個人の誕生時の星の位置関係を計算するための、数理的なデータ、すなわち「暦書」が必要であったからだ。『宿曜経』を使って個人の運命を占うには、新しい暦の書物が必要だった。その新しい暦が、天徳元年（九五七）に、天台僧日延《にちえん》が呉越《ごえつ》国より請来《しょうらい》した『符天《ふてん》暦《れき》』であった〔桃裕行・一九七五〕。

そして興味深いのは、この『符天暦』を中国からもたらすことを朝廷に要求した人物こそ、晴明の師匠、賀茂保憲であったのだ。保憲は、当時朝廷で使用していた『宣明暦《せんみょうれき》』が、すでに古い暦であることを見抜き、中国の最新の暦は『符天暦』であることを知ったからだ〔桃裕行・一九六九〕。

つまり保憲としては、占星術のための数理データという認識はまったくなかったのだが、結果的に、もたらされた『符天暦』をベースに『宿曜経』を用いたインド系ホロスコープ占星術が、平安時代の貴族社会に根付いていったのである。それを担っていくのが、宿曜師《すくようじ》と呼ばれる僧侶たちのグループであり、それを「宿曜道」と呼ぶ。

こうした宿曜師たちの活動は、あるときは陰陽師と競合・対立する関係にもなるが、一方では、互いに補完し合うような関係にもなったらしい。宿曜道という新しい占星術の登場によって、陰陽師たちも刺激を受けて、それまでの「国家占星術」には収まらない、個人占星術にも手を出すことになっていったのである。

『符天暦』が朝廷にもたらされたころは、晴明は保憲のもとについて、天文占星術を学ぶ天文生であった。彼もまた、『符天暦』の請来や『宿曜経』による新しい占星術の動向を肌身に感じていただろう。

永延二年（九八八）八月七日の熒惑星の変異による熾盛光御修法の執行――。その深層には、占星術をめぐる歴史の動きがあった。陰陽道のなかに、天界の星々は、地上を生きる人びとの人生、運命と結びつくという意識が広がっていく。晴明が観ていた星は、それまでとは違う輝きをもつことになるのだ。

このように安倍晴明の「記録」は、すべて彼が執行した陰陽道の占い、呪術、祭祀の現場に関わるものであった。したがって晴明が逝去した年、寛弘二年（一〇〇五）に記されたものも、陰陽道儀礼の執行記録である。

まず寛弘二年二月十日、藤原道長が東三条邸に遷居するに際して、安倍晴明が「移徙法《わたまし》」

を行った。移徙法とは、新築した家屋に住人が入るまえに、木霊や土公神などを鎮めておくものだ。それをせずにいきなり居住すると災いが起きてしまう。それで晴明は、道長の命を受けて、新宅入居のまえに移徙法を執行したのだが、なんとこのとき晴明が遅刻したために、道長は彼の到着をずっと待っていたという（『御堂関白記』）。

このあと、三月八日には中宮・彰子が大原野《おおはらの》社に行啓した際に、晴明が反閇を奉仕したことが『小右記』に記されている。そしてその記事が、記録のうえに晴明が登場する最後となる。『土御門家家伝』によれば、晴明はこの年の九月二十六日に逝去したとある（書陵部所蔵『陰陽家系図』では、「十二月十六日」）。享年八十五。まさしく「陰陽師」としての生涯をまっとうしたといえよう。

第三章

中世、動乱の時代の陰陽師たち

中世は武士たちの時代だ。戦場に生きる彼らは、平安時代の貴族のような神経質なまでの穢れの忌避や日時、方角の禁忌などに縛られない、自由で合理的な精神の持ち主というイメージが強い。武士たちによって陰陽道の禁忌や占い、呪術は迷信として衰退した、と。

けれども歴史の実際は違っていた。源頼朝による鎌倉幕府が始まると、安倍家の支流の陰陽師たちが多数、関東に移住し、幕府に仕えていたからだ。鎌倉時代の記録である『吾妻鏡《あずまかがみ》』には、なんと百名を超える陰陽師の活動が記されていたという。そこには安倍氏以外の賀茂氏、惟宗《これむね》氏、清原《きよはら》氏など複数の氏族が存在していた〔赤澤春彦・二〇一二〕。さらに室町幕府のときには、足利義満《よしみつ》に重用され、従二位という公卿《くぎょう》の地位まで出世した陰陽師も登場してくる。

また日々戦いに明け暮れる戦国時代になると、武将たちに仕える軍師たちには「陰陽師」出身という人物も少なくない。陰陽道は兵学、兵法と密接な関係があるからだ。仏教寺院を焼き討ちした、合理的な精神の持ち主とされる織田信長の場合も、陰陽師らしき集団が軍議に参加している様子が見えるほどだ。一方、豊臣秀吉は陰陽師を「国家を亡ぼすもの」として嫌い、陰陽師を徹底的に弾圧、排除している。

中世後期になると、天文、占星術としての陰陽道にも新しい時代の波が押し寄せる。中国の宋学にもとづく新しい天文学を取り入れる賀茂家の陰陽道は、中世の神道界をリードする吉田家とも繋がりをもつことになる。さらにキリスト教がもたらされたとき、「耶蘇《やそ》」に改宗する陰陽師も出現した。

一方、信太《しのだ》の狐《きつね》を母とするという有名な安倍晴明の伝説もまた、この中世という時代が生み出したものだ。晴明出生の伝説を伝え歩いたのは、じつは晴明たち宮廷陰陽師とは別の集団、陰陽法師《ほっし》、唱門師《しょうもんじ》などと呼ばれた民間系の陰陽師の末裔であった。その背景を探っていくと『簠簋内伝《ほきないでん》』という不思議な名前の書物が浮かび上がってくる。そこに語られる伝承は、京都三大祭として有名な「祇園祭《ぎおんまつり》」とも関わってくる……。

さて、本章では、これまでほとんど知られることのなかった、中世、戦乱の時代を生きた陰陽師たちの姿を追ってみよう。

まずは平安末期から源平合戦の時代に活躍した、ひとりの陰陽師に登場してもらおう。その名前は安倍泰親《やすちか》――。

1　安倍晴明の末裔たち

「金神七殺の方」は陰陽道？

平安時代中期に確立した「陰陽道」のうち、暦部門は賀茂氏が、天文部門は安倍氏が独占したとされている。それは賀茂保憲が息子の光栄に「暦道」を、弟子の安倍晴明に「天文道」を授けた、という伝承がもとになっているようだ。一方、光栄と晴明とのあいだには、いろいろな確執があったことは、後の説話にも語られている。賀茂家に伝来した「陰陽道」の書物を、晴明、光栄どちらが多く所持したかで対立したという話もある（『続古事談』）。もともとは、安倍氏は賀茂氏の「弟子」という地位にあったが、晴明の才能と名声があまりに高くなったために、賀茂氏の側からの反発が出たというところだろう。

しかし、実際のところは、陰陽道は安倍氏、賀茂氏に独占されていたわけではなく、平安後期には、他の氏族、清原氏、中原《なかはら》氏、大中臣《おおなかとみ》氏、惟宗氏など出身の陰陽師も多数いたようだ〔繁田信一・二〇〇四〕。彼らは占いや呪術の力において、安倍氏や賀茂氏と競い合っていたのである。

そうした競合の相手は陰陽道の外にもあった。晴明のときは密教の僧侶たちと競合することが多かったが、平安時代末期には儒学者が陰陽道とぶつかることになる。その代表的な出来事が「金神《こんじん》の忌み」をめぐる議論である。

金神の忌みといえば、「金神七殺《しちさつ》の方《かた》」というタブーとしても知られていよう。金神という神がいる方角を知らずに犯してしまうと、その祟《たた》りで七人までが取り殺されてしまうという恐ろしい禁忌だ。そして金神の忌みといえば、漠然と陰陽道由来のものと思われてきた。

けれども平安末期の史料からは、金神の忌みのことを主張したのは、陰陽道、それも安倍氏や賀茂氏ではなかった。だれが金神のタブーを流行《はや》らせたのか。史料によれば、清原氏という儒学（明経道《みょうぎょうどう》）の家のものであった。それを最初に唱えたのは、大外記《だいげき》（太政官《だいじょうかん》の書記官の長官）を務めた清原頼隆《よりたか》（九七九〜一〇五三）とされている（『玉葉《ぎょくよう》』承安《じょうあん》三年（一一七三））。清原頼隆は、「明経、紀伝、算、陰陽、暦道」などに精通した当時最高の学者として称《たた》えられた人物で、その異才ぶりは後の『続古事談』にも伝えられている。

金神の忌みに脅《おび》える貴族たちにたいして、安倍氏や賀茂氏の陰陽師は、金神の忌みは儒学者たちが使用する『百忌暦《ひゃつきれき》』にしか記されておらず、陰陽道の典拠とする『新撰《しんせん》陰陽書』には記載がないから、恐れる必要はないなどと説いているが、あまり説得力はなかったようだ。なお、陰陽道と儒学（明経道）の学問、知識は近似しているものが多く、互いに知識の奪い合いのようなことが起きていた。そして安倍晴明の子息・吉昌《よしまさ》や吉平《よしひら》、賀茂光栄の没後、平安時代末期には、じつは安倍氏、賀茂氏には優秀な人物がおらず、陰陽道自体の勢力が衰退気味であったともされている〔金井徳子・一九五四〕。そうした陰陽道勢力の衰退のときに、儒学者の側から主張されたのが「金神の忌み」というタブーであった。

では「金神の忌み」は、なぜ貴族たちのあいだに広まったのだろうか。

保元・平治の乱（一一五六、一一五九）へと発展する、平氏、源氏を中心とした武士たちの台頭で、貴族社会の価値観が混乱し、人びとのあいだに名付けえぬ不安が広がっていった。そうしたなかで、貴族たちの「不安」に対処できなくなった陰陽師に代わって、儒学者たちの主張が力を得ていた、というのが実情であろう。儒学者たちの唱えた「金神の忌み」が、貴族たちの不安を説明し、それを取り除いてくれる働きをした、というわけだ。なお「金神の忌み」は、後の民間系陰陽師の世界にも、ふたたび登場してくるので、覚えていてほしい。

さて、こうした陰陽道劣勢の状況を挽回《ばんかい》する有能な陰陽師が登場してくる。安倍晴明から数えて六代目にあたる、安倍泰親である。

「さすの神子」と呼ばれた安倍泰親

治承《じしょう》三年（一一七九）十一月、後白河法皇との対立が続く平清盛は、ついに法皇の近臣三十九人の官を解き、院政を停止し、法皇を幽閉してしまう。そんな危機の直前に、京都では地震騒ぎがあった。このときひとりの陰陽師が急遽内裏《きゆうきよだいり》に馳せ参じ、「今度の地震、占文のさす所、其《その》慎みかろからず」と、法皇に危機迫ることを予言していた。

その陰陽師こそ安倍泰親である。晴明から、吉平—時親《ときちか》—有行《ありゆき》—泰長《やすなが》—泰親と連なる、まさに晴明直系の陰陽師だった。

そんな泰親の姿を『平家物語』はこう語っている。

この泰親は、晴明五代の苗裔《びょうえい》をうけて、天文は淵源《えんげん》をきはめ、推条掌《すいじょうたなごころ》をさすが如し。一事もたがはざりければ、さすの神子《みこ》とぞ申しける。いかづちの落ちかかりたりしかども、雷火の為に狩衣《かりぎぬ》の袖《そで》は焼けながら、其身はつつがもなかりけり。上代にも末代にも、ありがたかりし泰親なり。

（『平家物語』巻第三「法印問答」）

泰親という陰陽師は、天文の占いを究め、その結果はひとつとして誤ることはないので、人びとから「さすの神子」と呼ばれた。落雷を受けても、その身はなんともなかったといったエピソードも伝わる。ちなみに承安《じょうあん》四年（一一七四）六月二十二日、実際に泰親宅に落雷があったようだ（『百錬抄』）。かくして泰親は、上代にも末代にも二度と現れないほどの逸材と称えられた……。

「天文は淵源をきはめ」と称えられた泰親であるが、実際のところ彼の天文占《てんもんせん》はどの程度当たったのか。

九条兼実《くじょうかねざね》の日記『玉葉』には、たびたび泰親の天文占のことが記されている。たとえば安《あん》元《げん》二年（一一七六）十月二十五日、泰親が来訪し、太白星《たいはくせい》（金星）が太微《たいび》右執法星（おとめ座ベーター星。太微垣《えん》は太一神・北極星の住む宮殿と考えられ、右執法星は、朝廷を補佐する右大臣を意味した）に接近、犯しているので、右大臣の兼実は慎みが必要だと語った。これは『漢《かん》書《じょ》』天官書、『晋書《しんしょ》』天文志などにもとづく天文占である。

また翌年の安元三年（一一七七）二月十日には、熒惑星《けいわくせい》（火星）が逆行して太微垣に入ったことを報告した。火星の「逆行」とはなにか。火星をふくめた太陽系の惑星は地球と同じ軌道面を周回しているので、通常は天体のあいだを西から東へと動くように見え、これを「順行」という。しかしそれぞれの速度の違いから追い抜きが起こり、地球から見ると運行の向きが東から西へと逆転する。これを「逆行」という〔湯浅吉美・二〇〇九〕。ちなみに「惑星」（惑わす星）という名称は、こうした複雑な動きを示すことに由来するのである〔出雲晶子・二〇一二〕。現代の天文学の知識からは、なんら不思議なことではないが、古代、中世の天文占星術では、とりわけ火星の「逆行」によって太微垣に入ることは、朝廷に乱れが起きることの予兆として恐れられたのである。

なお後白河法皇の側近が平清盛一族打倒を企てた「鹿ケ《ししが》谷《たに》の謀議」が発覚したのは、この年の六月である。それが治承・寿永の乱の発端となった。まさしく兵乱の予感を映しだしたかのような天文現象であったわけだ。

たしかにこの前後には、兵乱や大火災、災厄などを予兆するかのような天文占が次々と九条兼実のもとにもたらされている。激動の時代であったのだ。だが湯浅吉美《ゆあさよしみ》氏の研究によれば、そうした天文占や密奏は、それを報告する天文博士、陰陽師サイドの「恣意《しい》」や「思惑」が混じる可能性が強いともいう〔湯浅・二〇〇九〕。政治状況を見極めての天文占であったのだ。その意味でいえば、泰親が「天文は淵源をきはめ、推条掌をさすが如し」と称えられたのは、政治的な判断も的確であったということも表しているのかもしれない。

かくして泰親は、九条兼実からも信頼を得て「末世の珍重、一道の名誉なり」（『玉葉』）と称えられ、兼実のためにも泰山府君祭などを執行していくのである〔村山修一・一九八一〕。

「晴明伝承」の発信者?

さらに泰親は、高倉天皇の中宮・建礼門院徳子《けんれいもんいんとくこ》が皇子を産むことを占い判じて、それが見事的中したことが称えられている。そのとき泰親は自分の「推条」の占い方法は「晴明の流《りゅう》」であることを主張し、また晴明がかつて箱の中身を当てたというエピソードも伝えている（長門本『平家物語』巻五「陰陽頭泰親占事」）。自身の占術を「晴明」の流儀として強調するわけだ。晴明は安倍家の家祖であると同時に、陰陽道の「流儀」が晴明に発するという言説が作られていったのである。

ここで泰親が晴明の異能ぶりの逸話を伝えていることも面白い。後世、語り伝えられる

「無双の陰陽師」としての安倍晴明の伝承の発信源は、泰親あたりからであることも推定できるからだ。自らの祭祀、呪術、占術の根拠を「安倍晴明」に求めるものたちによって、異能者としての晴明の語り＝神話が生み出されたといえよう〔武田比呂男・二〇〇二〕。

その背景として考えられるのは、陰陽道と他の宗教、さらに陰陽道内部での競合関係である。陰陽道と密教、陰陽道と儒学との競合、影響関係は前にも紹介したが、泰親の場合は、同じ陰陽道内部の賀茂家への対抗や、さらに安倍家内部での対立も大きくなっていた。平安末期には、安倍氏自体も三つの家筋に分かれ、安倍泰親の代には、家業の「天文道」についても競合が激化した。泰親は、兼実にたいして、安倍氏の他流の陰陽師某《なにがし》について、占い判じたことが誤っていたために天罰を受けて急死したという例をあげて、自分こそが晴明の跡を受け継ぐことを主張しているほどだ（『玉葉』嘉応《かおう》元年〔一一六九〕）。

こうした泰親の主張については、近年、山下克明氏によって、「晴明邸宅」の継承をめぐる訴訟事件の事例から、興味深いことが明らかにされた〔山下・二〇〇二〕。

長承《ちょうしょう》元年（一一三二）五月十五日、安倍晴明の旧邸宅地である「土御門《つちみかど》の家」について、泰親が一族の安倍兼時《かねとき》（後に晴道《はるみち》と改名）とのあいだで、どちらが正統な相続者であるかをめぐって、訴訟事件を起こした（『中右記』など）。兼時（晴道）のほうが一門の長ということで分《ぶ》があったようだが、その背景には安倍家内部で家業としての「陰陽道」の優劣をめぐって、激しく対立、競合する関係が生じていたことが想像されよう。

最終的に訴訟は、泰親が勝ったようだが、そのとき泰親は「土御門の家」が「公家《こうけ》の御《ぎょ》祭《さい》」、すなわち天皇のための陰陽道祭祀とくに泰山府君祭を行う祭庭である、という由来を主張した。泰山府君祭は、晴明が開発したもので、まさに安倍家陰陽道の根幹をなす祭祀だ。その祭祀は、あくまでも晴明の邸宅で行うことが、より効験を高めていくという、一種の「神話」がここに作られたのである。泰親は「土御門の家」を聖なる「霊所」と呼び、その霊所における泰山府君祭執行の絶大なる効験を貴族たちに喧伝《けんでん》したらしい。

山下氏は、泰親による「土御門の家」の霊所化の言説が、たとえば『今昔物語集』にでてくる、晴明の住む屋敷には式神の声が聞こえた……などという霊験譚《たん》を形成したのではないかとも推測している。晴明伝承の発信者として、泰親がキーパーソンとなっていることは、どうやらまちがいないようだ。こうした晴明伝承は、やがては「安倍家」という家筋をも離れて、民間社会の陰陽師たちへと広がっていくのだが、その経緯は後に述べることにしよう。

ちなみに、訴訟問題の史料検討に関わって、現在、安倍晴明の邸宅跡とされる京都「晴明神社」は後の伝承によるもので、実際のところは現在の京都市上京区《かみぎょうく》にある「京都ブライトンホテル」の駐車場の西端あたりであることが判明した（山下克明・二〇〇一、山田邦和・二〇一二）。なお江戸時代の「葭屋町《よしやまち》晴明社」（現在の晴明神社）は、当時は安倍家とは無関係な「愛宕《あたご》の僧」（愛宕山の行者）たちが起居していたという〔梅田千尋・二〇〇二〕。このショッキングな話題の深層は、次章で探ることにしよう。

失われた「草薙剣」と陰陽師

治承四年（一一八〇）八月の源頼朝の挙兵に始まった平家打倒の戦いは、寿永四年／文治《ぶんじ》元年（一一八五）三月、源義経たちの源氏軍に追い詰められた平家軍の壊滅的な敗北によって、終結する。世にいう「壇ノ浦の戦い」である。このとき義経にはもう一つ重要な任務があった。すなわち安徳天皇とともに持ち出された三種の神器を奪還することである。しかし戦闘の混乱のなか、内侍所《ないしどころ》の神鏡（八咫鏡《やたのかがみ》）と神璽《しんじ》（勾玉《まがたま》）は無事に回収しえたが、二位《にい》の尼《あま》（清盛の妻・時子《ときこ》）の腰に差された宝剣（草薙剣《くさなぎのつるぎ》）は、八歳の幼帝・安徳天皇とともに海中深く沈み、ついに失われてしまった。天皇位を示す神器のうち、宝剣は喪失してしまうという未曾有の出来事が起こったわけだ。

朝廷は失われた宝剣が発見できるか否かを陰陽寮に占わせた。それを担当したのが、泰親の息子、安倍泰茂《やすしげ》（泰重）である。泰茂は、宝剣は龍宮に納まったか他州に流れたかを占ったが、どちらでもあらず、沈んだ場所を中心に五町以内を探索すれば、三十五日以内に発見できることを勘申《かんじん》した。だがついに、宝剣は発見されるには至らなかった〔村山修一・一九八二〕。ちなみに泰茂も父同様、「稽古《けいこ》の者なり」（『玉葉』文治四年五月条）と称えられた陰陽師であった。

さて、三種の神器の草薙剣を失ったその後の天皇たちは、「昼御座御剣《ひのおましのごけん》」や「伊勢神宮神剣」などの剣を代替品として、即位儀礼などを行ったようだ〔大石良材・一九七五〕。その一方、『平家物語』は宝剣が二度と天皇のもとに帰ってこない理由として、次のような「博士」の勘申を伝えている。

其なかにある博士のかんがへ申しけるは、「むかし出雲国簸河上《ひのかわかみ》にて、素戔烏《そさのお》の尊《みこと》にきりころされたてまつりし大蛇、霊剣を惜しむ心ざしふかくして、八つの頭、八つの尾を表事として、人王八十代の後、八歳の帝《てい》となッて霊剣をとりかへして、海底に沈み給ふにこそ」と申す。千尋の海の底、神龍《しんりゅう》の宝となりしかば、ふたたび人間にかへらざるも理《ことわり》とこそおぼえけれ。

（『平家物語』巻第十一「剣」）

陰陽寮の博士が申すことには、昔、スサノヲに切り殺された大蛇・ヤマタノヲロチが、霊剣を惜しんで、八頭・八尾の連想から八十代目で、八歳の帝（安徳天皇）に化身して、霊剣を取り返し、海底深くの神龍の宝となったので、ふたたび人間世界のもとにはもどらないのも道理と思われる……。

草薙剣とはスサノヲが倒したヤマタノヲロチの尾から発見されたものだ。『古事記』『日本書紀』では、スサノヲは発見した「都牟羽《つむは》の太刀《たち》」をアマテラスに献上する。これが後に三種の神器のひとつの宝剣＝草薙剣となる神話的由来である。天皇王権のレガリアは、もともとスサノヲが倒したヲロチの所有物であったのである。

ここで陰陽道の博士が占いで語った話は、『記』『紀』神話をベースにしつつ、それを中世にあらたに創造した神話といってもよい。近年、話題となっている「中世神話」のひとつである。草薙剣が喪失したという、中世のあらたな現実の根拠を「神話」にもとづきながら、語り直したという体裁である。中世の人びとのなかではヤマタノヲロチは「神龍」へとメタモルフォーゼし、その棲家《すみか》は「龍宮」であること、そして安徳天皇はヲロチ＝神龍の化身であったという、現代のわれわれからは「トンデモ本」のような発想を当たり前のように受け入れていったのである。ちなみに安徳天皇が龍神の化身で海に帰った、という言説は、藤原摂関家出身で当代一流の大学者たる慈円《じえん》（一一五五〜一二二五）の『愚管抄《ぐかんしょう》』にも出てくる。

さらに「龍宮」に納まったものは人間界に戻らないという発想は、当時の仏教の知識にもとづくようだ。すなわち人間たちの堕落によって仏法が亡びるとき、経典や教法は人間界を去り、「龍宮」に納まるという伝承（『渓嵐拾葉集《けいらんしゅうようしゅう》』）と通じているからだ（山本ひろ子・一九九三）。王権のレガリアたる草薙剣が「龍宮」に納まるのは、「末世」の思想とクロスし、天皇の権威が衰弱していく時代を暗示するわけだ。先ほど泰茂（重）が、宝剣は「龍宮に納まったか否か」を占ったのは、そのこととリンクするのは明らかだろう。

ところで安徳天皇の母・建礼門院徳子は、清盛の娘である。つまり安徳天皇は清盛の孫になる。入内《じゅだい》した徳子に妊娠の兆しがなかったので、清盛は、平家一門を守護してくれる厳島《いつくしま》神社に祈願した。その結果、誕生したのが安徳天皇とされている。そして厳島神社の祭神は龍神でもあった。その意味では安徳天皇は龍神の申し子でもあったわけだ。また清盛自身も死後「龍神」となって、都に地震を起こしたという伝承もある。

それにしても、安徳天皇がじつはヲロチの化身であったという言説がまことしやかに流布していたのは、なんとも驚きだ。そこには「万世一系」の天皇という、近代的なイデオロギーが通用しない、とんでもない神話が当たり前のこととして広まっていたことが知られよう。そして、こうした中世神話の発信者のひとりが「博士」、陰陽師であったことも重要である。

2　陰陽師たちの「戦国」

鎌倉幕府の陰陽師の実像

では平家を打倒した源頼朝によって創設された鎌倉幕府の時代、陰陽師たちはいかなる活動をしていたのだろうか。

鎌倉幕府といえば禅宗との関係が一般には知られている。しかし最近の研究によれば、鎌倉時代は鶴岡八幡宮《つるがおかはちまんぐう》を拠点とした密教僧や禅僧による祈禱が盛んに行われ、さらに陰陽師が多数鎌倉に下向し、平安王朝に匹敵する、いやそれ以上の数と種類の「陰陽道祭」が繰り広げられていたことが判明している〔佐々木馨・二〇〇二〕。『吾妻鏡』には百名を超える陰陽師の記事があるという〔金澤正大・一九七四〕。さらに幕府には、密教僧、禅僧、陰陽師に加えて密教系占星術の流派である「宿曜師《すくようし》」たちも、独特な宿曜祈禱を行っていたとの指摘もある〔戸田雄介・二〇〇七〕。鎌倉幕府は密教・禅・陰陽道・宿曜道が連動し、競合し合いながら、あらたな祈禱、祭祀システムを作り出したといえるようだ。

鎌倉幕府の陰陽道祭は、三代将軍実朝《さねとも》の死後、都から迎えられた頼経《よりつね》将軍の時代に入ってからより顕著になっていく。陰陽道は「都文化」として、たとえば蹴鞠《けまり》の遊びと同じように、鎌倉の地にもたらされたともいえよう。ちなみに四代将軍・藤原頼経は摂関家の九条道家《くじょうみちいえ》の三男である。

関東にやってきた陰陽師たちは安倍家の庶流の人たちが多いようだ。とくに三代将軍・実朝暗殺以降、実朝の祈禱の任を解かれた陰陽師たちは帰郷することができず、そのまま関東に土着したものも多いという〔新川哲雄・二〇〇一〕。その後、陰陽師は「御簡衆《おふだしゅう》」と呼ばれる、幕府を構成する一員になった。「幕府陰陽師」の誕生である。陰陽師から見れば、たんなる個人の祈禱師といった役割から、幕府権力を霊的に防御するための、より公的な存在へとレベルアップしたといえよう。

では、幕府の陰陽師たちは、どんな陰陽道祭祀を行ったのか。『吾妻鏡』を見ると、次のような多種多様な陰陽道祭祀が登場してくる。

天地災変祭・属星祭《ぞくしょうさい》・太白星祭・鬼気祭・三万六千神祭《じんさい》・呪詛祭・熒惑星祭・大土公《どくう》祭・泰山府君祭・天曹地府祭《てんそうちふさい》・風伯祭《ふうはく》・水神祭・鷺祭《さぎ》・百怪祭・月曜祭

平安貴族社会でも行われていたものが多いが、なかには鎌倉時代にあたらしく始まったと推定されるものも少なくない。鎌倉の陰陽師たちは武士社会のなかで、貴族社会とは違う、新しい陰陽道祭を作り出したようだ。とくに「風伯祭・水神祭・鷺祭」などは、民間社会にも接点を見いだすことができる祭祀である〔室田辰雄・二〇〇七〕。また陰陽道の祭りを補助するという形で、安倍氏系の専門陰陽師ではない、いわば臨時雇い的な素人陰陽師たちも多数登場しはじめたという。「陰陽道知識」の保有者が社会に広がったことが見てとれるのである〔赤澤春彦・二〇一一〕。

もうひとつの泰山府君祭

そこで幕府陰陽師の特徴を「泰山府君祭」の執行から見てみよう。第二章で述べたように、泰山府君祭といえば、安倍晴明が開発、創造した安倍家陰陽道の中心的な祭祀である。それは当然、幕府陰陽師たちにも受け継がれているが、たとえば建暦《けんりやく》元年（一二一一）十一月三日には「泰山府君祭・歳星祭」を同時に行ったように、泰山府君祭が他の陰陽道祭と併行して営まれている。とくに頼朝の妻「尼将軍」北条政子の病に際しては、天地災変祭・呪詛祭・属星祭・三万六千神祭・大土公祭などの多数の陰陽道祭祀とともに泰山府君祭が行われている（元仁《げんにん》二年〔一二二五〕六月二日）。

幕府陰陽師たちにとって「泰山府君」は、病気治療、延命長寿を願う、陰陽道の最高神から、他の神々の祭祀と並存するような「その他大勢」的な扱いを受けていくことが見てとれるのである。幕府権力の象徴的存在をガードする、多数の神々の一つという位置といってよい。幕府権力を維持するためには多数の陰陽道祭祀が必要となった。泰山府君祭は、そのなかの一つという位置づけになるのだ。

一方、平安末期から鎌倉前期には、安倍家陰陽師の泰山府君祭とは別の系統の泰山府君祭が行われた可能性がある。平安末〜鎌倉初期の『水鏡《みずかがみ》』、鎌倉前期の『古事談』などに伝わる藤原有国《ありくに》が行った泰山府君祭である。父の輔道《すけみち》が赴任先の豊後《ぶんご》国で急死したために息子の有国が「法の如《ごと》く」に泰山府君祭を行い、なんと死去した父が蘇生したという話である。

注目されるのは、このとき泰山府君祭を「其の道に非《あら》ざる者」が行ったために有国が冥土《めいど》に連れ去られそうになったが、その「孝心」によって命は助けられたというオチがつくところだ。

ここからは泰山府君祭は「其の道」のもの、つまり安倍家陰陽師に独占されているという認識が常識化しつつ〔三橋正・二〇〇〇〕、それに対抗するような形で、地方における非官人系の「陰陽師」による泰山府君祭が行われていた可能性が読みとれるのである。まさに多様な「泰山府君」の神格があったというわけだ〔プレモセリ・ジョルジョ・二〇一四〕。それは中世社会において「陰陽師」が地方社会に分散していくという問題ともリンクすることになるだろう。

足利義満の「王権簒奪計画」と陰陽道

「蒙古襲来《もうこ》」の危機を乗り越えたものの、執権《しっけん》北条氏の権力独占によって弱体化していく鎌倉幕府は、足利尊氏と後醍醐天皇の「連合軍」との戦いに敗北し、瓦解《がかい》していく。だが、幕府を倒したあとは、尊氏と後醍醐天皇とのあいだに対立が生じ、尊氏は北朝の天皇をいただき、あらたな幕府を作った。室町幕府である。ここに「南北朝の内乱」と呼ばれる、動乱の時代が始まる。

そうした動乱の時代を収め、公武統一による新しい秩序を形成したのが、武家政権の主宰者たる「室町殿」、三代将軍の足利義満（一三五八〜一四〇八）である。

従来の研究では、平安時代がピークだった陰陽道は、鎌倉時代、室町時代には衰退していった、というイメージが強かったが、近年の研究でそれは否定されている。室町時代は鎌倉時代以上に陰陽道が「繁栄期」を迎えたとされるのである（柳原敏昭・一九八八）。

その証拠とされるのが安倍家の正系を継ぐ陰陽師の安倍有世《ありよ》が三位にまで昇進し、「公卿」にも列せられたことだ。さらに有世は従二位まで昇り、家祖たる晴明を遥かに超えて出世したのである（晴明は従四位下）。そして有世によって、安倍家は「土御門《つちみかど》」という公卿としての名乗りをする。ちなみに、賀茂家のほうも、賀茂在弘《あきひろ》が同様に三位に昇り、昇殿を許された。賀茂氏も「勘解由小路《かでのこうじ》」を名乗るのである。

安倍家、賀茂家の陰陽師たちがなぜ出世できたのか。それは幕府権力による祈禱の中心となる室町第《てい》、北山第（現在の鹿苑寺《ろくおんじ》・金閣寺）における密教の修法と同時に行われた「外典《げてん》祭《さい》」、すなわち陰陽道祭を担ったからだ。有世は将軍のいる北山第に祭文、都状を持参し、それに義満が署名、その後有世が「身固め」（身体が丈夫になるようにする祈禱）を奉仕し、撫《な》で物（禊などで身代わりに用いるヒトカタ）を下され、安倍家の私宅で祭祀を行った（柳原・一九八八）。その陰陽道祭は「三万六千神祭」「天曹地府祭」、そして「泰山府君祭」である。有世が陰陽道祭を「私宅」で行うことにこだわったのは、そこが「安倍晴明」以来の陰陽道の霊所とされてきたからだろう。

ところで有世は、あくまでも朝廷の陰陽寮の一員であったが、しかし彼の陰陽師としての活動は、朝廷から幕府の側へとシフトしていったようだ。それを象徴するのが「天文密奏」である。いうまでもなく、天文密奏は天文博士が天皇に奏上する、権威ある職務である（詳しくは第二章、参照）。ところが有世の子、天文博士・土御門有重《ありしげ》は、天皇に密奏すべき占文を、なんと「室町殿」＝足利義教《よしのり》に注進していたのである（富田正弘・一九七八）。それは有世のときにすでに始まったと考えられよう。

こうした陰陽道と幕府権力との結びつきの背景には、将軍・足利義満が「観念の領域」で王朝勢力にたいして優位を占めようとし、また王朝勢力の権限を吸収しようとする政治的な意図が考えられる〔柳原・一九八八〕。さらに今谷明《いまたにあきら》氏は、近年の陰陽道研究の成果を踏まえたうえで、足利義満の一連の行動には、自らが天皇王権に取って代わろうとする「王権簒奪《さんだつ》計画」があったとまで指摘している〔今谷・一九九〇〕。もちろん、義満の「計画」は挫折《ざせつ》するわけだが、その背景には、なぜ「天皇制」なるものが日本社会で存続していくのかを解く、重要な鍵《かぎ》が潜んでいる。陰陽道の問題もまた、それを考えるうえで重要なポジションにあったといえよう。

「陰陽道祭」も発展したのか

たしかに室町時代になったとき、安倍、賀茂両家はともに「公卿」に列せられており、その繁栄ぶりは目を瞠《みは》るほどだ。陰陽道は密教や神祇官にくらべ、つねに「外典祭《げてんさい》」(神祇祭の下位)と位置づけられていたのだから陰陽道が神祇官と同列にあつかわれたのは画期的といえる。彼らの多くは室町期でも「陰陽道之輩《の やから》」(『愚管記』康暦《こうりゃく》二年〔一三八〇〕)などと、蔑称《べっしょう》で呼ばれていた。

もう一度いえば、安倍氏、賀茂氏の陰陽師たちは室町幕府権力と結びつくことで、現世における栄達を果たしたことはまちがいない。

では彼らが執行した「陰陽道祭」の内容はどうだろうか。平安時代の陰陽師たちが、密教僧や神祇官、さらに儒学者たちとの競合のなかで開発・創造した祭祀や呪術とくらべてみると、祭祀執行の数は増えているものの、その種類は画一化されているように見える〔柳原敏昭・一九八八〕。先に紹介したように、公的な祭祀として行われているのは泰山府君祭、天曹地府祭、三万六千神祭にほぼ限定されているのである。鎌倉時代に見られた、多種多様な陰陽道祭はほとんど姿を消して、幕府権力と結びついた祭祀が中心となるのである。

それを象徴するのが「三万六千神祭」だ。たとえば明徳《めいとく》四年（一三九三）六月八日の日付けをもつ「三万六千神祭都状」を見ると、多種多様な陰陽道神たちを列挙し、それらをただ祀《まつ》ることで、「将軍」への加護を祈るといった、きわめて形式的な形になっているのがわかる。そこに見られる陰陽道の神々は、個別的な「神」としての来歴や働きとして祀られているのではなく、ただ単に名前だけが羅列されているにすぎないと思わせる形式的な「儀式」になっているのである。足利義満の厄年を祓う目的の「泰山府君祭都状」（応永《おうえい》二年〔一三九五〕）でも、もはやそこにはワンパターンの文言しか見られない。

安倍家の陰陽道は「権力」と強く結びつき、彼らの政治的な立場を確立する要因になっただろう。だが、それは宗教者としての陰陽師のリアリティを失っていくことではなかったか。彼らはもはや、時代の現実に即した、新しい陰陽道祭を開発し、実践することはできなかったのである。

しかしその一方で、賀茂氏による暦道、その背景をなす天文学の知識に関しては、新しい動きを見ることができる。次にそれを紹介しよう。

宋学・天文学と陰陽道との結びつき

四代将軍・足利義持《よしもち》の治世、応永二十一年（一四一四）に成立したとされる、陰陽道の暦書がある。賀茂在方《あきかた》（?〜一四四四）が撰述《せんじゅつ》した『暦林問答集《れきりん》』だ。この本は在方が賀茂家の家祖である保憲《やすのり》の『暦林』にもとづきながら、当時、広がっていた陰陽道や暦数（暦道）全般に関する知識を問答体で解説した、陰陽道・暦注のいわばマニュアル本である。賀茂家の陰陽師たちに秘蔵されていたが、やがて一部の宮廷知識人のあいだでも書写され、広まったという。

では、『暦林問答集』にはどのような天文知識が記されているのだろうか。『暦林問答集』の冒頭「釈天地第一」には、次のような天体観が述べられている（原文を意訳する）。

天地はどのように出来ているのか。「渾天儀経《こんてんぎきょう》」によれば、天は大きく地の外を包むようにあり、地は小さく天の内にある。そして天の表裏には水があり、天地はおたがいに

蓋天説

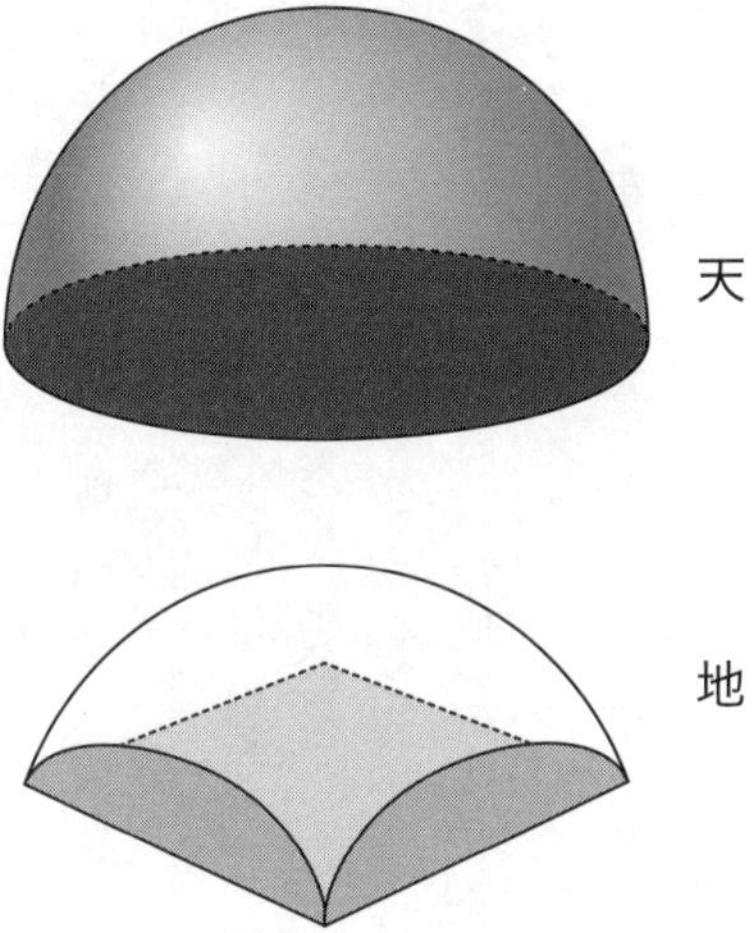

渾天説

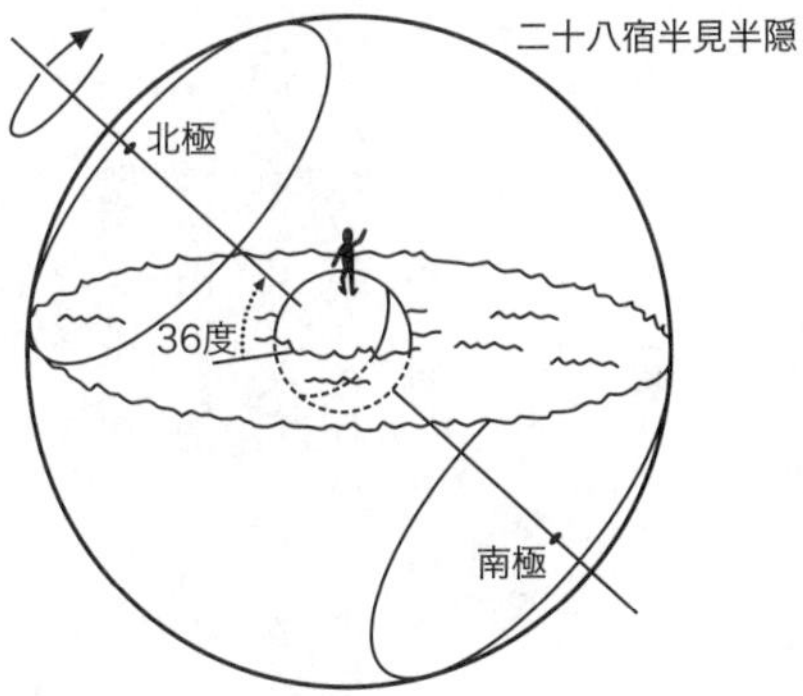

渾天説と蓋天説の概念図

気に乗って立ち、水を戴《いただ》いて運動している。

『渾天儀経』とは、古代中国の天文家、張衡《ちょうこう》の記したテキストである。「渾天説」とは、古代中国の天体観のひとつで、天は大きく地の外を包むようにあり、地は小さく天の内にあるという認識である。

それ以前には、紀元前一四〇年頃の道教書『淮南子《えなんじ》』（前漢の淮南王劉安《わいなんおうりゅうあん》撰とされる）天文訓にある「蓋天説《がいてんせつ》」が一般的であった。蓋天説とは、「天」は円で「地」は方形とする認識である。中国天文家のあいだでは長らく、蓋天説と渾天説とのあいだに論争があったが、『晋書』天文志が「渾天説」を公認することで、以降それが定説とされることになった。渾天説は、天を回転する球とみなし黄赤道を設定することで、太陽・月・五惑星の運動の記述とその計算を含む「暦」の作成を可能としたのである（山田慶児・一九七八）。

さらに『暦林問答集』には、宋学の大成者・朱子《しゅし》の宇宙論を引用しながら、天は東より西に巡る＝左旋し、太陽・月・五惑星も同じく左に回転するという説明、すなわち「左旋説」と呼ばれる天文学説を提示した。恒星の仮想的な球面の運動にたいして、べつの諸星（日月五星）の軌道があり、実際には「天」と同一方向に運動しているという認識である。そして太陽は、一昼夜に地の周りを「三百六十五度四分度之一」回る天の運行よりも、「一度」遅れるという論理も提示されるのである〔山田・一九七八〕。

このように十五世紀の賀茂家の暦学、天文学は、当時の最新の学説を取り込み、より正確な暦数を記述することに努力したようだ。もちろん、中国の蓋天説、渾天説にせよ、「天動説」にもとづくものだから、現代の天文学の知識からすれば、「非科学的」と一蹴《いっしゅう》されてしまう。けれども、陰陽道の担い手たちが、当時においては最新の天文知識に敏感に反応して、それを自らの家学に取り込んだところは、大いに認めていいだろう。

さらに賀茂家の側が撰述した『暦林問答集』の知識は、陰陽道以外の分野にも大きな影響を与えていく。中世神道説の世界である。

天文学で解釈されるアマテラス

卜部《うらべ》氏といえば、古代朝廷の神祇官で祭祀や占いに従事した「伝統」ある祭祀氏族である。神祇官の中臣氏や忌部《いんべ》氏にくらべると、下位の職掌にあったが、卜部氏は平安時代後期から「有職故実《ゆうそくこじつ》」や『日本書紀』研究の学問の一族として頭角をあらわしてくる。

やがて鎌倉時代になると、卜部氏は「日本紀の家」とも呼ばれ、『日本書紀』研究の第一人者となっていく。その最初の成果が鎌倉中期、卜部兼文《かねふみ》、兼方《かねかた》親子による、体系的な『日本書紀』の注釈書、『釈日本紀《しゃくにほんぎ》』の編纂《へんさん》であった。さらに室町時代になると、卜部氏のなかで吉田《よしだ》社（現在の京都市左京区《さきょうく》吉田《よしだ》神楽岡町《かぐらおかちょう》の吉田神社）の神主を独占する家筋が現れ、彼らを卜部吉田家と呼ぶ。

その卜部吉田家のなかから、ずば抜けた学識と実践力、政治力をもった人物が現れる。吉田兼倶《かねとも》（一四三五～一五一一）である。兼倶は平安時代の「日本紀講」、すなわち『日本書紀』に関する公的な講義、注釈を復権した神道家としても有名だ。そんな兼倶が貴族たち相手の講義のなかで、『日本書紀』のアマテラスについて「大日孁貴《おおひるめのむち》」「天照大神《あまてらすおおみかみ》」「天照大日孁貴尊《あまてらすおおひるめのむちのみこと》」と三つの呼び名が記されることを、次のように説明している。講義口調がそのままに残されているので、原文のまま引用しておこう。

天ニ三処ノ位アリ。冬至ト、時正《じしょう》ト、夏至トハ、三ノ時ソ。日神ノ位セラル、ソ。冬至ハ、巽《たつみ》方カラ日カ出テ、坤《ひつじさる》テトマルソ。陰気カヲ、ウテクルホトニ、日カ短ソ。コレハ日神ノ微弱ノナリソ。コレヲ太日《（ママ）》孁貴ト申ソ。冬至カラ、九十余日ニアタリテ、中天ノ卯《う》ノ方カラ出テ、酉《とり》ノ方テ入ソ。時正ソ。日モ夜モ等分ソ。其ハ天照太《（ママ）》神ト申ソ。ソレカラ九十余日シテ、艮《うしとら》方カラ日カ出テ、乾《いぬゐ》テ入ソ。夏至ソ。コ、ヲ天照大日孁尊ト申ソ。天照太神ト申ハ、中天デ位シタル名ヲ賞ソ。

（『神書聞塵』）

アマテラスが唯一絶対の太陽と同じであれば、どうして三つの呼び名があるのか。兼倶はそれを天体上の太陽の位置の変化から解釈していく。すなわち、日が短くなり光が弱くなる「冬至《とうじ》」の太陽を「太日孁貴」、昼と夜が等しくなる「時正」（秋分・春分）の太陽を「天照太神」、そして太陽の日がもっとも長くなる「夏至《げし》」の太陽を「天照大日孁尊」と呼ぶ。このように冬至・時正・夏至といった、天体上の太陽の動き、位置にたいする天文学の知識を媒介しながら、兼倶はアマテラスが太陽そのものであることを証明していくのである。それがアマテラスの超越性を保証するロジックとなるのだ。

まったく現代からみれば、噴飯ものの解釈だが、兼倶の知識のなかに、当時の最先端の天文知識が見えることを指摘しておこう。さらに兼倶は、有名な岩戸ごもりの神話のなかで、岩戸から出たアマテラスがふたたび岩屋に戻らないように注連縄《しめなわ》を張った記述について、こんなふうに解釈する。

日神ノ光ハ、ウルハシイソ。三百六十五度四分度一ナント、云モ、日神ノ徳ソ。界ニ以
——一、シメ縄ヲ引ソ。シメ縄ハ左縄ソ。注連トモカクソ。天道ノヒタリヘメクルソ。
太陽ノメクルソ。縄ノハシノ、チヤ〱ト出ハ、太陽ノ散気ノ、星トナルチヤソ。

（『神書聞塵』）

まさに荒唐無稽、牽強付会《けんきょうふかい》の代表のような言説が繰り広げられていよう。しかし、「シメ縄」を「左縄」（左回転で縄を結う）として、そこから「天道」と「太陽」は左に廻《まわ》るという説明は、「三百六十五度四分度一ナント、云モ」とともに、十五世紀当時の最新の宋代天文学の知識にもとづくものであった。兼倶は、そうした天文学の知識を宮廷暦道の賀茂在方『暦林問答集』から得ていたようだ（小川豊生・二〇〇八）。

こうした卜部氏をはじめとした中世の『日本書紀』研究、注釈については、これまでは荒唐無稽、牽強付会説として、研究の対象とされてこなかった。けれども近年では「注釈」という方法を使って、『日本書紀』原典を大きく読み替え、中世固有の神話を創造する実践として高く評価していく研究が進んでいる。「中世日本紀」の研究である（伊藤正義・一九七二、阿部泰郎・一九九九）。吉田兼倶の注釈は、当時の最新の天文学を駆使して読み替えられた、中世神話（中世日本紀）ともいえよう（斎藤英喜・二〇一二a）。

さて、卜部吉田家と賀茂家とのあいだには深い交流があった。先に紹介した『暦林問答集』の写本には、「文明十二年六月　日　神祇長上正三位　卜部朝臣《あそん》兼倶」という奥書をもつテキストもある（中村璋八・一九八五）。兼倶が、そうとう同書を読み込んでいたことが想像されよう。兼倶の天文学の知識が同書にもとづくことは明らかだろう。

さらに賀茂在方の孫にあたる在盛《あきもり》は、兼倶の『日本書紀』講義を受講し、また神道の秘伝を伝授されているが、兼倶の側も在盛から賀茂家の暦学・陰陽道を学んでいるのかもしれない〔小川豊生・二〇〇八〕。吉田兼倶については、まだまだ面白い話題がつきないのだが、それは拙著『古事記はいかに読まれてきたか』に譲ることにしよう〔斎藤英喜・二〇一二a〕。

「応仁・文明の乱」と陰陽師たちの運命

応仁《おうにん》元年（一四六七）、山名持豊《やまなもちとよ》、畠山義就《はたけやまよしなり》、斯波義廉《しばよしかど》ら（西軍）が挙兵し、これに細川勝元《ほそかわかつもと》ら（東軍）が応戦し、戦いは京都各地に広がり、数多くの寺院、邸宅が焼亡していく。世にいう「応仁の乱」の始まりである（近年では「応仁・文明《ぶんめい》の乱」と呼ぶ）。戦闘は多くの地方豪族たち、守護大名を巻き込み、各地へと飛び火し「内乱」の様相を見せる。文明九年（一四七七）、上洛《じょうらく》して戦っていた豪族たち、大名たちが帰国することで、ひとまず「応仁の乱」は終息したが、幕府、朝廷権力の失墜のなか、守護大名のあいだの戦いは列島全体へ広がったともいえる。一般に「戦国時代」と呼ばれる時代の始まりでもあった。

さて、足利幕府の中心を担ってきた安倍氏、賀茂氏の陰陽道は、この乱世の時代を、どのように生きたのだろうか。

とりわけ足利将軍に取り立てられた安倍家の人びとは、戦火の都を離れ、陰陽寮田を知行地とした若狭《わかさ》国名田庄《なたのしょう》内に、一時避難する憂き目にあったようだ。陰陽頭《かみ》を退いた安倍有春《ありはる》、その子の有脩《ありなが》もまた若狭国在国が多く、上洛したときも「下宿的寄留生活」を強いられていたという〔木場明志・一九八五〕。

一方、賀茂家の側では、西国の守護大名、大内氏《おおうち》と結びつくものがいた。瀬戸内海の覇権をめぐって細川氏と対立していた大内政弘《まさひろ》は、応仁・文明の乱が始まったころに上洛し、西軍の主力となって戦っていた。やがて文明九年(一四七七)には、帰国して石見《いわみ》国、安芸《あき》国で勢力を広げていった。その帰国の時に、賀茂在宗《あきむね》が大内政弘に付き従って周防《すおう》国に下向したらしい〔末柄豊・一九九六〕。周防国に行った在宗は、その後、大内政弘のための天文の占いや「身固め」など陰陽道祭祀を行っている。幕府や朝廷権力と結びついた中央の陰陽師を領国に招き入れ、陰陽道祭祀を行わせたことは、幕府、朝廷の存在を相対化する機能を果たしたとも考えられる〔森茂暁・一九九六〕。

かくして応仁・文明の乱は、中央で活動していた安倍氏、賀茂氏の陰陽師たちを地方に分散させていくきっかけになったようだ。地方で活動していく「民間陰陽師」たちの一派が、こうした京都から「流れてきた」陰陽師たちによって形成されたことも充分想像できるところであろう。

一方、諸国で守護大名、戦国大名が戦いに明け暮れていた「戦国時代」にいたると、ついに陰陽道の宗家の一方、賀茂家が断絶するという危機が起きた。上杉謙信《うえすぎけんしん》と武田信玄が川中島で戦った永禄《えいろく》四年（一五六一）から四年後に、賀茂家の当主在富《あきとみ》が死去し、跡継ぎがないままに、賀茂家の正系は途絶えてしまった。そこで「暦道」を再興させるために安倍家のなかから賀茂家に養子に入った人物がいた。安倍有春の次男、当時まだ十三歳の男子、後の賀茂在高《あきたか》である〔木場明志・一九八五〕。

しかし賀茂家にとっては、さらに驚くべきことが起きている。賀茂家の陰陽師がキリスト教に入信したというのだ。

若狭の安倍家の墓

キリスト教に改宗した陰陽師

キリスト教が日本に伝来した直後の十六世紀後期では、宣教師たちは盛んに天文や地理の「科学的」な知識を説く形で、布教活動をしていた。そのとき宣教師たちの多くは、天体の運行や月蝕《げっしょく》、月の満ち欠けなどの理由を熱心に聞いてくる日本人が多いこと、天文の知識をきちんと説明することが「彼らに深い感銘を与えている」と述べている。

宣教師たちにとっても天文学は、たんなる余技的な知識ではなかった。天文学は神学に従属するもので、宇宙の神的な秩序を証明するための学としてあったからだ。「天主」＝唯一の創造神の存在を証明する基礎学として天文学があった。これは「自然神学的天文学」とも呼ばれる。日本に派遣される宣教師たちは、天文学の知識をもつことが不可欠とされたという〔海老澤有道・一九五八〕。

そうしたなか、イエズス会司祭として永禄六年（一五六三）に来日したフロイスは、その著作『日本史』のなかに、都で最初にキリシタンになった「日本で最高の天文学者の一人で公家」である「アキマサ」のことを述べている。「アキマサ」はキリスト教徒から日蝕月蝕や天体の運行についての知識を聞き、それに納得したために、京都で最初の洗礼を受けて入信したという〔海老澤・一九五八〕。この「アキマサ」とは、賀茂家の暦道を継承している賀茂在富の息子である賀茂在昌《あきまさ》である〔木場明志・一九八五〕。賀茂家の断絶を招いたのは、在富の息子がキリスト教に入信したため、ということも一因としてありそうだ。

だが在昌が、信仰上の理由からキリシタンになったかは怪しい。あくまでも、彼が「入信」したのは、当時の西洋天文学が、自らの伝える陰陽道の「天文」「暦」よりも進んでいることを認識し、そこからキリシタンの教えに共鳴したためだろう。ちなみに在昌は、西洋天文学の知識をさらに学ぶために豊後《ぶんご》にわたったが、天正五年（一五七七）には都に戻り、宮廷への奉仕に就いたようだ。

それにしても、キリスト教に入信する在昌のような陰陽師が出たことは驚きだが、陰陽道がつねに他の分野との競合のなかから、相手のいいところを吸収し、あらたな「陰陽道」へと発展していくという「伝統」のひとつの表れともいえよう。

かくして陰陽師たちにとっての星々の世界は、変転していく歴史のなかで、それまでとは違った輝きを見せてくれるのである。

「長篠合戦図屛風」に登場する陰陽師？

応仁・文明の乱から戦国時代にかけて、地方へと分散していく陰陽師たちは、その地に定住し、地域に根ざした存在へと変貌していったようだ。たとえば戦国武将たちの合戦のなかで重要な働きをなす軍師たちのなかにも、「元陰陽師」といった人物もすくなくないようだ。また安倍氏、賀茂氏の陰陽師とは違う、山伏、修験者と混ざり合ったような「法師《ほっし》陰陽師」たちも軍師として雇われたという。

戦国時代には「武経七書」と呼ばれた七種の兵法書、すなわち『孫子』『呉子《ごし》』『司馬法《しばほう》』『尉繚子《うつりようし》』『六韜《りくとう》』『三略』『李衛公問対《りえいこうもんたい》』が重視されたが、それらのうち『六韜』は、陰陽寮でも読まれた天文占星術の一種である。武将たちは星の運行、暦などを司る「陰陽師」を軍師として身の回りにおいたようだ〔小和田哲男・一九九八〕。

たとえば武田信玄の「隻眼《せきがん》の軍師」として有名な山本勘助《やまもとかんすけ》や上杉景勝《かげかつ》が抱えていた清源寺《せいげんじ》是鑑《ぜかん》なども、そうした陰陽師系の占い師の流れにあったのだろう。あるいは平成二十六年(二〇一四)のNHK大河ドラマの主人公の軍師・黒田官兵衛《くろだかんべえ》も、播磨《はりま》国の広峯《ひろみね》社の御師《おし》(下級の神職)たちを配下にしていたというが、広峯社は京都の祇園社と繋がる「牛頭天王《ごずてんのう》」信仰の拠点である。そこはまた「法師陰陽師」が活動していたところでもあった〔田中久夫・一九八四〕。

あるいは播磨国の伝承や記録を編纂した『峯相記《ぶしようき》』によれば「悪党」と呼ばれた、異形の武士集団も多数盤踞《ばんきよ》していた〔小林一岳・二〇〇九〕。黒田官兵衛の活動基盤が普通の武士階層とは異なることを教えてくれて興味深い。

さて、各地に盤踞する戦国大名たちを圧倒し、「天下布武」を宣言したのが織田信長(一五三四〜八二)だ。彼はイエズス会宣教師たちから「占いや呪いなどを信じない」合理主義者として評価されていたが、信長もまた「伊東法師《いそくほうし》」という呪術師を抱えていたという〔小

長篠合戦図屏風（部分）。大阪城天守閣所蔵

和田・一九九八）。

さらに興味深いことがある。天正三年（一五七五）、織田信長、徳川家康の連合軍は、三《み》河《かわ》国の長篠《ながしの》で武田勝頼《かつより》軍を破る。名門の武田家が滅亡するきっかけとなる、有名な「長篠の戦い」である。信長軍が鉄砲三千挺《ちょう》ばかりで一万五千の武田軍に壊滅的な打撃を与え、それまでの合戦とは異なる「近代戦」の幕開けとなったともいわれる（ただし、近年ではこうした見方は再検証されている。たとえば、平山優・二〇一四）。

この歴史的な戦いを『信長公記《しんちょうこうき》』にもとづいて屏風絵《びょうぶえ》にしたのが『長篠合戦図屏風《ながしのかっせんずびょうぶ》』である。近世にも多数、制作されたが、その合戦図のなかで、軍馬に乗る信長が軍議を開いている場面に、異様な風体の三人の男たちの姿が見える。背中に「六芒星《ろくぼうせい》」の文様を縫いこんだ陣羽織を着た男たちだ。信長のすぐ近くにいて軍議に加わっているところを見ると「軍師」とも思われるが、陣羽織の背中に「六芒星」を縫いこんでいるので、やはり陰陽師系の人物であることが想像される。ではなぜ六芒星なのか。

よく知られているように、安倍家は「五芒星」を桔梗紋《ききょうもん》と呼び、家紋としたとされる。とすると、「六芒星」を徴《しるし》とした三人は、安倍家の正統とは異なる陰陽師だろうか。ちなみに後の伝承では五芒星を呪文として「セーマン」と呼び、六芒星を「ドーマン」と呼んでいる（異説もあり）。セーマンは晴明であり、ドーマンとは「蘆屋道満《あしやどうまん》」を意味するようだ。つまり六芒星とは、道満に繋がるような、民間系の陰陽師を意味する。とすれば、信長の軍議の場にいる六芒星の三人の男たちは、民間陰陽師の流れということになろうか。

なお現在、京都の堀川通に鎮座する「晴明神社」には、織田信長が明国《みん》より献上された「織田信長鉦《しょう》」が伝わっている。その理由として、安倍家の当主、土御門泰重《やすしげ》の北の方は、信長の「御息女」であることから「御秘蔵の品」を下されたという由来書が残されている（村山修一・一九八一）。織田信長と「陰陽師」との繋がりを示す、興味深い伝承である。

秀吉によって流された陰陽師たち

天正十年（一五八二）、明智光秀の「謀反」で本能寺に倒れた信長の跡をついで、天下を平定した豊臣秀吉（一五三七～九八）は、朝廷との協調路線のなか、ついに関白という最高位に就く。

その後、文禄《ぶんろく》二年（一五九三）、淀殿《よどどの》・茶々《ちゃちゃ》は拾丸《ひろいまる》（秀頼《ひでより》）を生んだ。秀吉は拾丸を溺愛《できあい》したが、ここに大事件が起きる。秀吉に思わぬ実子が生まれたので、関白としての地位が危うくなった後継者の秀次《ひでつぐ》（一五六八～九五。秀吉の姉の息子。後に秀吉の養嗣子）が、拾丸へ呪詛を仕掛けたという嫌疑をかけられ切腹、妻妾《さいしょう》・子どももすべて殺害されてしまうのである。なお近年の研究では、秀頼はじつは秀吉の実子ではなく、その「事実」が世間に広まりそうだったので、その口封じもかねて秀次は成敗されたともいう〔服部英雄・二〇一二〕。

では、実際に呪詛を請け負って、仕掛けたのは誰なのか。「犯人」とされたのが、陰陽師の土御門久脩《ひさなが》である。じつはこの時期、久脩が秀吉の怒りにふれて出奔する事件があった。そのために諸国陰陽師を駆り集めて荒田開墾に従事させるとの秀吉の発案にしたがって、文禄二年（一五九三）、久脩は多数の陰陽師たちとともに尾張《おわり》国に配流されたらしい〔木場明志・一九八五〕。なお久脩は、大坂夏の陣で豊臣家が滅んだ後の元和《げんな》七年（一六二一）には政界に復帰して、従三位に叙せられている。

強制的に尾張に移住させられた陰陽師の数は百三十一人にのぼった。「陰陽師狩り」と呼ばれる事件だ。荒蕪地《こうぶち》の開墾という名目で、陰陽師たちが尾張に強制移住させられた背景には、彼ら陰陽師の呪力を必要としたことも考えられる。開墾した土地がふたたび水害におびやかされないように、地の神を鎮める役割が期待されたというのである〔三鬼清一郎・一九八七〕。

秀吉は、それ以前にも「唱門師《しょうもんじ》（声聞師）払い」というかたちで、民間系の陰陽師たちを追放することを行っていた。唱門師は、法師陰陽師にも繋がる、民間陰陽師の呼び名である。秀吉は「陰陽師は国を亡ぼすもの」として、そうとう忌み嫌っていたという。

実際、このときの秀吉の「唱門師（声聞師）」への迫害によって、京都の「晴明伝説」を伝える寺院などが破壊される例もあった。たとえば鴨川にかかる五条橋（「松原橋《まつばら》」のこと。現在の「五条大橋」は桃山時代以降）の途中には大きな中島があり、島のうえには「法城寺《ほうじようじ》」と呼ばれる寺院があった。この寺は安倍晴明が鴨川の洪水鎮護のために建てたものという伝承がある。中世を通じて法城寺は下級の陰陽師たちの活動の拠点であったが、秀吉の唱門師弾圧政策で、寺は破壊され、中島自体も消滅してしまった〔瀬田勝哉・一九九四〕。

また五条橋中島の地に近い松原橋東詰の物吉村《ものよしむら》は、「ハンセン病」患者の集落であったが、ここにも晴明社が勧請《かんじよう》され、晴明伝説が伝わっている。晴明自身がハンセン病を患って、五条橋の中島に移り住んで余生を送ったという伝承もある。中世の「ライ病者」たちはこの伝承を、自分たちが五条橋中島の付近に住む根拠とした〔山田邦和・二〇一二〕。

それにしても、なぜ秀吉は、ここまで「陰陽師」を嫌ったのか。歴史的な背景としては、「田畑をつくらざる者」、つまり村落社会に定住しない浮浪民を社会的に一掃する効果をねらったことはたしかである〔三鬼清一郎・一九八七〕。だが、それだけではなかった。秀吉の陰陽師忌避は、じつは彼自身の出生と関わっていたという説もある。

秀吉（木下藤吉郎《きのしたとうきちろう》）の出生地は、清須《きよす》城下である。そこは市場が多数ある商業都市として栄えたが、またそこには「乞食《こじき》村」もあった。親元を離れ、孤児となった少年、秀吉は、この「乞食村」で生活し、またそこで「猿真似芸」を身に付けたともいう。秀吉自身が、賤視《せんし》される唱門師や陰陽師たちと同じ「賤」の環境にいたことが、彼の陰陽師弾圧の背後にあったことも想像されるのである〔服部英雄・二〇一二〕。

中世末期に起きた「唱門師」の排除、弾圧からは、民間社会に生きた陰陽師たちの姿が浮かび上がってくる。そして彼らこそ、民間社会に広がっていく「晴明伝説」の担い手、伝承者たちであったのである。

3　『簠簋内伝』という謎の書物

安倍晴明、筑波山の麓に出生す

関東平野にひときわ高く聳《そび》える筑波山《つくばさん》は、『万葉集』の昔から男女が出会う歌垣の歌に詠《よ》まれ、また『常陸国風土記《ひたちのくにふどき》』にも伝承が載っている。しかし、筑波山麓《さんろく》に伝わるものはそれだけではない。京の都で活躍した安倍晴明が、じつはこの筑波山の麓《ふもと》の村で生まれたという伝説があるのだ。それはこんな話だ――。

奈良時代、元正《げんしょう》天皇の時代、遣唐使として唐土に渡った吉備真備《きびのまきび》は、その類《たぐ》いまれな学才ゆえに唐の人々から嫉《そね》まれ、虐《いじ》めにあう。だが「赤鬼」となった安部仲丸《あべのなかまる》（阿倍仲麻呂《あべのなかまろ》）の霊に助けられて、唐人たちの試練を乗り越える。唐の武帝《ぶてい》に認められた真備は『簠簋《ほき》』『金《きん》烏玉兎集《うぎょくとしゅう》』なる秘書を授けられ、無事に帰国した。

その後、晩年の真備は、唐土で世話になった安部仲丸の子孫に『簠簋』『金烏玉兎集』を伝えようと思い、子孫の消息を探る。そこで常陸国の筑波山の麓の吉生《よしう》、猫島《ねこしま》という地に子孫がいることを聞いて尋ねたところ、天から天蓋《てんがい》に覆われて降りてきた不思議な少年に出会う。その少年が仲丸の子孫、安倍の童子であった。真備はこの童子に『簠簋』『金烏玉兎集』

を伝えた。この童子こそ、後の安倍晴明である——。

それにしても、都で活躍する安倍晴明が、関東の筑波山の麓に生まれたという伝承の背景にはなにがあるのだろうか。その伝説のルーツは？

かつてわたしは、晴明関東出生伝説の背景を探るべく、ある雑誌（『週刊神社紀行　別冊安倍晴明を旅する』）の取材で現地を訪れたことがある〔斎藤英喜・二〇〇三〕。そのときの現地取材を思い起こしてみると……。

まずは茨城県明野《あけの》町猫島。筑波山を望みながら広々とした田園地帯を行くと、家の敷地内に「晴明稲荷《いなり》」「晴明井戸」を伝える高松《たかまつ》家のお宅に辿《たど》り着いた。木立のなかにひっそりと鎮座する晴明稲荷の祠《ほこら》や、井戸の形が五芒星になっている「五角井」（晴明井戸）は、それと教えられねば見落としてしまうほどの小さなものだ。だが、晴明屋敷跡と呼ばれる高松家には、晴明の伝記を彫り込んだ『晴明傳記《でんき》』という板木が伝わっている。

さらに筑波山を越えて、もうひとつの晴明出生の伝承地である「吉生」にも赴いた。茨城県八郷《やさと》町吉生。「吉生」の地名は、晴明の孫、安倍吉生にちなむという。ここにも「晴明稲荷」という祠、その裏手には木の根元から湧《わ》き出す「随心井《ずいしんい》」という井戸もある。

取材当時、それらを管理しているのは本図《もとず》家の当主、本図亨《とおる》氏であった。本図氏に案内してもらい、晴明稲荷、随心井を訪ねた。

薄暗い木々のあいだの、傾きかけた小さな祠、そして根元に湧く清水。それらは今も地域の人びとや、「晴明」を崇《あが》める遠隔地の人びとの信仰の場となっていた。鹿島《かしま》からもらった「龍の鬚《ひげ》」をご神体とする晴明稲荷は、本図氏も子どものころは恐ろしいところ、と近づかなかったという。いたずらをして目がつぶれた子どももいたとか。たしかに、おびただしい数の神狐像が祀《まつ》られた小さな祠は、人びとの念や思いが込められているようであった。なお、いつのころのものかは不明だが、晴明稲荷の祠の前に置かれた賽銭箱《さいせんばこ》には、安倍家の家紋とされる五芒星の桔梗紋が刻まれていた。

さらにわたしは本図亭氏のお宅の庭で、晴明稲荷や土地の古い時代のことなどをうかがうことができた。庭のまえの大きな長屋門《ながやもん》は、かつては行き倒れの旅びとなどを養う施設にもなっていたという。じつは晴明の母とされる信太の妖狐《ようこ》が、「遊女往来の者」として、この地を訪れたときに、土地の男と通じて、晴明を身ごもったという伝承もあるのだ。行き倒れの旅びとを保護したという本図家の大きな長屋門は、時を超えて、晴明出生の伝説を、今ここに呼び起こしてくれるのである。

それにしても、京の都で活躍した安倍晴明の出生地が常陸国の筑波山麓の村であったという伝説は、いつ、誰が、なにゆえ語り始めたのだろうか。鎌倉幕府にしたがって関東の地に移住した安倍家の庶流の陰陽師たち、あるいは「鹿島暦《かしまごよみ》」という民間暦を売り歩いた暦売りたち、または筑波山、加波山《かばさん》を拠点とした修験山伏たち……。今のところ、明確な答えを出すことはできない。

しかし、筑波山麓の村に伝えられた安倍晴明の伝説の元ネタとなる書物があった。『簠簋《ほき》内伝』、あるいは『簠簋抄』という書物だ。

晴明伝説のルーツへ

晴明の出生伝説には、まだ続きがある。

筑波山麓の村で成長した安倍の童子は、鹿島明神に百日間、参籠《さんろう》し修行を積んでいた。九十九日目、多くの子どもたちが小さな蛇を引き回して殺そうとしていた。「死相」を見ないと誓願を立てていた安倍の童子は、その蛇を買い取り放してやった。修行を成就した日、麗しい女性が童子のもとに来て、自分はあなたに助けられた蛇で、じつは龍宮《りゅうぐう》の乙姫《おとひめ》であると名乗ると、童子を龍宮へと導いてくれた。

龍宮で様々な歓待を受けた童子は、「四寸の石の匣《ひつ》」と「烏薬《うやく》」を授かった。地上にもどった童子は、耳に塗った烏薬の力で烏《からす》たちの言葉を理解することができるようになった。そこで烏たちの会話から、都におわす帝《みかど》が長く患っていること、その原因は御殿の柱の礎に蛙《かえる》と蛇が生き埋めになっていて、両者の怨念《おんねん》が焔《ほのお》をあげて帝を悩ませていることだと知った。

やがて都に上った童子は、烏の言葉にしたがい、見事、帝の病の原因である蛙と蛇を取り除き、「博士」として宮中に仕えることになる。三月の清明節（二十四節気のひとつ）にちなんで「清明」という名前を賜った。すなわち彼こそが陰陽師、安倍晴明である。

このあとにライバルの蘆屋道満《あしやどうまん》との占い合戦に勝つエピソード、妻に裏切られて『簠簋』の秘書が道満の手にわたってしまうこと、そして道満にいったんは殺されてしまうが、伯道《はくどう》上人《しょうにん》の術によって蘇生《そせい》するなど、現代のファンタジー小説なみの波乱万丈の物語が展開していく。それをベースに説経、浄瑠璃《じょうるり》、歌舞伎、仮名草子《かなぞうし》、さらに近代の小説や映画、マンガへと、多種多様な安倍晴明譚が語り継がれていったことは、あらためていうまでもないだろう。

そうした安倍晴明伝説のルーツとなるのが『簠簋抄』という書物であった。物語のなかで吉備真備が中国の武帝から賜り、阿倍仲麻呂の子孫、すなわち安倍晴明に伝えられた書物が『簠簋』『金烏玉兎集』であったから、物語のなかに登場してくる書物自身が、その物語を語る書物そのものであったという不思議な構造になっているわけだ。

『簠簋抄』『簠簋内伝』の素性を探る

『簠簋抄』とは、そもそも『簠簋内伝』、ただしくは『三国相伝《そうでん》陰陽輨轄《かんかつ》簠簋《ほき》内伝《ないでん》金烏《きんう》玉兎《ぎょくと》集』という長ったらしい名前の書物の注釈書、解説書として作られたものだ。そして『簠簋内伝』は、「安部（ママ）博士晴明朝臣」が作った暦注書とされている。物語中の主人公自身が書物の作者でもあったというわけだが、内容から見て、とても平安時代のものとはいえない。実際のところは、鎌倉時代末期から室町時代前期にかけて、安倍晴明に仮託されて編纂されたというのが、現在の定説である。ちなみに現在、安倍晴明が執筆した書物として確定しているのは、『占事略決《せんじりゃっけつ》』（六壬式占《りくじんしきせん》のマニュアル本）である。

現存する『簠簋内伝』は、全五巻の構成になっている。

巻一　牛頭天王の縁起。天道神・歳徳神・八将神・金神などの方位の禁忌
巻二　盤牛《ばんご》王《おう》の縁起。五行神・十干《じっかん》神・十二支神などの暦神の説明と暦の吉凶
巻三　大将軍遊行・土《ど》公神《くうじん》変化・三宝吉日・神吉日などの雑多な禁忌
巻四　「造屋」に関する禁忌
巻五　「文殊《もんじゅ》曜宿経」。宿曜占星術に関する説明

内容は、京都の祇園社（現在の八《や》坂《さか》神社）の祭神である牛頭天王の来歴に始まり、天地を創成した盤牛王の縁起から、五行、十干、十二支の謂《いわ》れ、暦の吉凶など、まさしく陰陽道に

よる暦注の書物ということがわかる。

そして冒頭に祇園社に祭られる牛頭天王の来歴が語られていることから、同書の編纂者は、安倍晴明の子孫の流れで、祇園社の執行《しぎょう》の職にあった晴朝《せいちょう》という人物ではないかともいわれている〔村山修一・一九八一〕。安倍氏の末流が先祖に仮託したというわけだ。また同書が広く民間社会に出回ったことから、祇園社周辺の法師陰陽師たちが関与したという説もあるが、いまのところ確定した説はない。

さらに第四章にも登場してくる、江戸時代中期の安倍家当主である、陰陽頭・土御門《つちみかど》泰福《やすとみ》（一六五五〜一七一七）が、同書は安倍家とは一切関係のないものと強く関わりを否定していた。泰福によれば、『簠簋内伝』は「真言僧」が作ったものというのである（『秦山《じんざん》集』「壬癸《じんき》録」）。

なぜ土御門家の当主がわざわざこんな発言をしたのだろうか。それは、彼らが無視できないほど、この書物が「安倍晴明」の名前で世間に出回っているからだ。近世には『簠簋内伝』を仮名書きでやさしく解説した書物『簠簋抄』をはじめ『簠簋袖裏集《しゅうりしゅう》 捷径《しょうけい》』『簠簋《ほき》冠註《かんちゅう》大全《たいぜん》』『簠簋諺解《げんかい》大全』などというのも、多数作られている。安倍晴明を家祖と仰ぐ土御門家の当主としては、黙ってはいられない理由があったのだろう。

さて、江戸時代の陰陽師たちの動向は第四章に譲ることにして、ここでは中世における陰陽師の実像を探ることに焦点をしぼることにしよう。じつは『簠簋内伝』の世界からは、中世におけるもうひとつの陰陽師たち、すなわち朝廷や幕府の陰陽師たちとは違う民間社会で活躍した陰陽師たちの姿が浮かび上がってくるからだ。

昔話、伝説と結びつく牛頭天王縁起

『簠簋内伝』の内容は、牛頭天王と密接に結びついている。牛頭天王とはいかなる神なのか。まずは、祇園社の側に伝わる『祇園牛頭天王縁起』（室町時代成立）にもとづいて、牛頭天王の物語を紹介しておこう。

昔、豊饒国《ぶにょうこく》という国に武答天王《むとうてんのう》という王がいた。国王に皇子が生まれたが、その異形な姿ゆえに「牛頭天王」と名づけられ、また后《きさき》のなり手も見つからなかった。あるとき山鳩の言葉から、八海龍王のひとり娑竭羅龍王《しゃかつらりゅうおう》の第三女・波梨采女《はりさいめ》が后となることを知り、牛頭天王は数万騎の家来とともに波梨采女の住む龍宮へとむかった。旅の途中、日が暮れたので巨旦将来《こたんしょうらい》という長者の家に宿を乞《こ》うたが、自分は「貧者」であるからと、宿泊を断られた。一方、「貧者」であるが「慈悲」の心をもっている蘇民《そみん》将来《しょうらい》という人が宿を貸してくれた。

龍宮に到着した牛頭天王は、波梨采女の宮殿に入り、八年間ともにすごした。そのあいだに八人の皇子が誕生した。やがて牛頭天王は后と八人の王子を引き連れて本国に帰国したが、その途中でふたたび蘇民将来のもとに行き、再会した。一方、宿を貸してくれなかった巨旦将来の一族は皆殺しにしたが、蘇民将来の娘が巨旦の家に嫁いでいたので、天王は「茅《ち》の輪」と「蘇民将来之子孫也」と書かれた札を娘の腰の帯に付けさせた。そうすれば、災難から免れられようと指示し、蘇民将来の娘だけを救った。

そして物語のあとには、

六月一日より十五日にいたるまで毎日七へん、南無天薬神《てんやくしん》・南無牛頭天王、厄病消除、災難擁護と唱へ奉らば、息災・安穏、寿命長遠ならん。もし不信のやからあらば、たちまちに天王の御罰を蒙《こうむ》つて、厄病現来せんこと、うたがひなし。

といったように、祇園社の牛頭天王への信仰を訴えかける言葉がつづくのである。また結末に語られるエピソードは、「茅の輪」や「蘇民将来之子孫也」という札を玄関に貼り出せば、災難を避けることができるという民間習俗の由来となっている。いうまでもなく、これが祇園祭の粽《ちまき》の起源となるわけだ。

この物語のルーツは、『備後国風土記《びんごのくにふどき》』逸文に載る「疫隈の国社《えのくまくにつやしろ》」の縁起譚である。そこでは「牛頭天王」の名前は出てこないが、かわりに人びとを疫病で取り殺す神は、なんと古代神話のスサノヲとなっていた。そこで祇園社の祭神の牛頭天王はスサノヲのこと、という神話も作り出されていったのである。それを作ったのは、先ほど登場した、室町時代の神道家、吉田兼倶と推測される〔斎藤英喜・二〇一二b〕。

それはさておき、ここに紹介した牛頭天王の物語は一読するとすぐにわかるように、昔話や伝説でもおなじみの「隣の爺型《じじ》」と呼ばれる物語パターンだ。裕福だが強欲なお爺はひどい仕打ちをうけ、貧しいが正直なお爺は神仏からご褒美を授かる……。ここからも祇園社の縁起となる牛頭天王が、一般の庶民にも親しまれるようになったことが想像できるだろう。そうした物語パターンを使うことで、牛頭天王は恐ろしい疫神であるが、きちんとお祭りをすれば、疫病から守ってくれるというメッセージになるのである。

牛頭天王と「陰陽道」はいかにリンクするのか

さて『簠簋内伝』の巻一には、いま紹介した『祇園牛頭天王縁起』とほぼ似たような牛頭天王の物語が載っていた。『簠簋内伝』の作り手が祇園社の関係者では？　と推定される理

長刀鉾の櫓の天井に記されている二十八宿

由だ。けれども、『簠簋内伝』の牛頭天王は、祇園社のそれにはまったく出てこない、特別な語りがあったのである。これも口語訳を載せておこう。

北天竺《きたてんじく》摩訶《まか》陀国霊鷲山《だこくりょうじゅせん》の丑寅《うしとら》、波戸那城《はしなじょう》の西に、吉祥天《きっしょうてん》の源、王舎城《おうしゃじょう》の大王がいた。その名を「商貴帝《しょうきてい》」（疫病を祓う鍾馗《しょうき》のことか）という。かつて帝釈天《たいしゃくてん》に仕え、善現天《ぜんげんてん》に住まいし、三界《さんかい》のうちに遊戯《ゆうげ》し、星々の監督を行った。そのときの名を「天刑星《てんぎょうしょう》」という。信敬する志は深く、今、衆生を救うべく娑婆《しゃば》世界に下って（下生《げしょう》）、名前をあらためて「牛頭天王」と号した。元は「毘《び》盧《る》遮那《しゃな》如来《にょらい》」の化身でもあった。

ちょっと難しい言い回しになっているが、興味深いのは、牛頭天王には複数の名前があり、帝釈天のもとに仕えていたときは、「天刑星」という名前であったところだ。

「天刑星」とはなにか。「星宿信仰の中で人間の行為の善悪に応じて、吉凶禍福を下す神」

とされる（山下克明、真下美弥子・二〇〇四）。あるいは「歳星《さいせい》（木星）から生じた七つの星のひとつ」という説もある。それは陰陽寮の天文部門の天文生たちの必読書で、陰陽道における天文占星術の重要な典拠とされる『晋書《しんしょ》』天文志《てんもんし》に出てくるものだ。こちらの説では、「天刑」は、月の傍らに現れる「妖星」として認識されている。その書物は、天文得業生《てんもんとくぎょうせい》の安倍晴明も読んでいただろう。

かくしてここから、祇園社の祭神である牛頭天王が、一気に星々の世界と結びつき、陰陽道の世界へと入り込んでくるのである。

ちなみに、京都の夏の風物詩として名高い祇園祭は、山鉾《やまぼこ》の巡行が有名だ。その先頭を行くのは「籤《くじ》取らず」と呼ばれる長刀鉾《なぎなたほこ》である。その鉾の櫓《やぐら》は今も「女人禁制」となっていて女性があがることはできないが、その天井を見てみると、不思議な星々の飾りがついている。これは陰陽道、宿曜道で基本とされる「二十八宿《しゅく》」の星座のマークであった。なぜ長刀鉾の天井に二十八宿が記されているのか。今は失われてしまった、祇園祭と陰陽道との繫がりの痕跡《こんせき》が残されているのかもしれない。

暦注の根拠としての牛頭天王

もう一度確認すると、『簠簋内伝』という書物は「暦注書」と呼ばれるジャンルの本だ。

暦注書とは、月々の吉凶、方角の善し悪《よあ》しなどを判定することの注釈を記した書物である。宮廷陰陽師の安倍氏、賀茂氏によって作成されたものもある。たとえば、そこにはこんなことが書いてある。

太白方《たいはくのかた》、宿曜経云、太白所在出行あるところ、および一切動用、抵犯《ていはん》することを得ざれ、避くれば吉。

（賀茂家栄撰『陰陽雑書』）

凡《およ》そ三宝吉日、吉備大臣・波羅門僧正《ばらもんそうじよう》・春苑玉成《はるそののたまなり》の説あり、暦家、大臣の説を用ゆ……。保憲抄云。衰日避くるべきの由。川人《かわひと》序中に見ゆといへども、祈禱に至る。尤《もっと》もこれを用ゆべし。

（安倍泰忠書写『陰陽略書』）

貴族社会において、日々の行いに関わる、日時選び、方角選びの根拠が記されていることがわかるだろう。こうしたものが暦注書と呼ばれるものだ。そして安倍氏や賀茂氏の書では、暦注の根拠として、『陰陽雑書』『宿曜経』『保憲抄』といった伝統的な陰陽道のテキスト、また波羅門僧正や吉備大臣（真備）らの説などが、それぞれ引用されるのである。権威ある書物や言説にもとづいて、安倍氏や賀茂氏の陰陽師たちは、貴族たちの日時、方位の選び方の指南をしていたわけだ。

さて、『簠簋内伝』も暦注書として、これらと同じような役割をもっていた。しかし、その暦注の根拠は、次のように記されている。

天道神《てんどうしん》の方《かた》
正月南行、二月西南行、三月北行、四月西行、五月西北行、六月東行、七月北行、八月東北行、九月南行、十月東行、霜月東南行、雪月西行
右天道神は、牛頭天王なり。万事が大吉。この方角に向きて袍衣《えな》を蔵《おさ》め、鞍置《くらお》きの始むることなど、一切の、求むることの成就する所なり。

金神七殺《こんじんしちさつ》の方
甲己歳午未申酉《ゆう》方　乙庚《こう》歳辰巳《しんし》戌亥《じゅつがい》方
戊癸《ぼき》歳子丑《ちゅう》申酉方
丙辛歳子丑寅卯《いんぼう》方　丁壬《じん》歳寅卯戌亥方
右の金神は、巨旦大王の精魂なり。七魄《しちはく》遊行して、南閻浮提《なんえんぶたい》の諸《もろもろ》の衆生を殺戮《さつりく》す。もし

人、この方に向かはば、家内から七人、死す。もし家内にその数なければ、隣家の人を加ふ。その名を「風災」といふ。金は肺を収め、七魂を具《そな》へ。万物を断破す。ゆえに尤も厭《いと》ふべきものなり。

（『簠簋内伝』巻二）

「天道神の方」は、万時において「大吉」で、求めることはすべて成就するという最高の方位である。その方位がそれぞれの月によって記されている。注目したいのは、その大吉の「天道神」とは、じつは牛頭天王のことと説明されるところだ。すなわち暦注の根拠となるのは、牛頭天王の物語であったのである。

一方「金神七殺の方」といえば、平安時代の貴族たちも恐れた凶悪な方位である。暦注は、いつの年には、どの方位に金神が潜んでいるかを示している。そして犯さないように注意すべき「金神」とは、牛頭天王に宿を貸さなかったために一家もろとも殲滅《せんめつ》された「巨旦《こたん》大王」のことだと、その素性が説き明かされるのである。ここでも金神禁忌の根拠となっているのは、牛頭天王の物語であったのだ。

ようするに、安倍氏や賀茂氏の宮廷陰陽師たちの暦注書では、伝統的な陰陽書や賀茂家の家祖の言説が根拠だったのにたいして、『簠簋内伝』が示す暦注の典拠は、そこに語られていた牛頭天王の物語であったのである。民間のあいだにも広まる牛頭天王の物語にもとづいて、方位の日時の吉凶を説明するという方法は、この書物の担い手や受け手が安倍氏や賀茂氏の宮廷陰陽師たちの世界とは異なっていることを示しているだろう。そう、『簠簋内伝』の担い手は、あくまでも民間社会で活動する陰陽師であり、その暦注の受け手もまた、民間の人びとであったのである。

さて、そうすると『簠簋内伝』を作成したのは、当然、宮廷の安倍氏や賀茂氏とは異なる陰陽道の系譜を受け継ぐものと考えられる。たとえば祇園社周辺にいた唱門師、法師陰陽師のグループなどもその想定の範囲に入るだろう。

さらには奈良の地にも賀茂家の庶流の陰陽師が多数移住し、後には民間に根付いたものも少なくない。「南都陰陽師」と呼ばれた一派だ。彼らのうちに、牛頭天王信仰と関係をもったものや、『簠簋内伝』の作成に関わったものもいたのかもしれない〔斎藤英喜・二〇一二b〕。

いぜんとして、『簠簋内伝』の担い手は確定することはできないが、その背後には、宮廷や幕府に仕えた陰陽師たちとは異なる、民間系の陰陽師グループの存在があったことはまちがいないだろう。それは歴史の表舞台には登場してこない、まさに裏の歴史の世界の住人たちであったかもしれない。

かくして、多種多様な活動を繰り広げた中世の陰陽師たちは、幕藩体制という近世の「統一」された時代を迎えたとき、いかなる変貌をとげていくのだろうか。

〔補注〕『簠簋内伝』の作成者について、折口信夫は「仏家の陰陽道の一流」(「民間信仰と神社と」〈全集20〉)が関与していることを推定している。くわしくは、本書、第五章を参照。

断章 いざなぎ流は「陰陽師」なのか

陰陽師を今に伝える「いざなぎ流」？

陰陽師の伝統を受け継ぐ「いざなぎ流」――。このキャッチコピーは、最近、世間でまったく疑われることなく広まっている。明治新政府による宗教統制がすすんだ、明治三年（一八七〇）に公的に陰陽道が禁止され、「陰陽師」が歴史上消滅して以降、高知県の山深い集落・香美《かみ》郡物部《ものべ》村（現在の香美市物部町）にひっそりと伝えられてきた民間信仰「いざなぎ流」は、唯一「陰陽師」の系譜に繋《つな》がる奇跡的な存在とされ、熱い注目を集めてきた。

たしかに、いざなぎ流の祭祀・儀礼・呪法のなかに陰陽道の伝統が息づいていることは、まちがいない。「取り分け」や「式王子《しきおうじ》」の呪法などに見られるように、いざなぎ流と平安時代の陰陽師たちの活動とが接点をもつという見解は、魅力的で捨てがたい。数多くの御幣《ごへい》を切り、「呪詛返《すそ》し」の祭文《さいもん》を読誦《どくしょう》し、病人に取り憑《つ》いた悪魔を切り離す。さらに人知れず、呪詛の仕掛けをも請け負った……。このように語られる「いざなぎ流」の相貌《そうぼう》は、それこそ平安時代の安倍晴明や、その周辺の陰陽師たちの活動現場とピタッと重なるかのようだ。

けれども、その一方で、「いざなぎ流」と陰陽道のあいだに多くの違いが見いだされるのもたしかだ。なによりも、「いざなぎ流」は陰陽道だけで成り立っているわけではない。そこには、熊野や天台系の修験道、中世に作られた三輪流《みわりゅう》神道や御流《ごりゅう》神道と呼ばれる神道説、また近世の吉田神道、さらには巫女信仰、鍛冶《かじ》や狩猟民の信仰など、きわめて雑多な信仰・

儀礼の要素が見えてくるからだ。

「いざなぎ流」の祭祀や呪法が、陰陽道のそれとの類似点をもちつつ、多くの違いをもっているという事実は、平安時代中期に形成された「陰陽道」（陰陽師）なるものが、その後の長い歴史のなかでどのように変容していったか、という興味深い問題を投げかけてくれる。そのとき、クローズアップされるのは、安倍晴明たち宮廷陰陽師の系譜とは別の存在、すなわち民間社会を拠点に活動していった「もう一つの陰陽師」たちの実態である。法師《ほっし》陰陽師、陰陽法師、唱門師《しょうもんじ》（声聞師）、博士、万歳《まんざい》、院内、算置《さんおき》、暦師、太夫《たゆう》、法者《ほさ》、算所《さんじょ》などなど、様々な名称で呼ばれていた彼らの実像は、どのようなものだったのか。そして彼らは、宮廷陰陽師の土御門家（安倍家）といかなる繋がりがあるのか。いざなぎ流と「陰陽師」との関係を考えていくことは、こうした在野の「陰陽師」の歴史的な系譜をたどることとクロスするわけだ。

いざなぎ流は「陰陽師」なのか――。いざなぎ流の実態を紹介しながら、歴史のなかの陰陽師たちの相貌を追ってみよう。

「呪詛返し」の儀礼といざなぎ流

高知県の山深い集落に秘かに伝えられてきた「いざなぎ流」の存在を、世間に広く知らしめたのは、小松和彦氏である。そのとき、なによりもセンセーショナルな驚きを世間に与えたのは、小松氏の『憑霊信仰論《ひょうれいしんこうろん》』などの著書で紹介された、いざなぎ流の「呪詛《じゅそ》の祭文」であった〔小松・一九八二〕。

その祭文には、釈尊と提婆王《だいばおう》（提婆達多《だったた》）とのあいだで繰り広げられた、財産相続をめぐる争いから、提婆王の妻が唐土《とうど》じょもんという人物に釈尊への呪いを依頼し、さらに唐土じょもんは、釈尊からの依頼で呪い返しを行うという、きわめてスリリングな物語が展開されている。ここに登場する「唐土じょもん」が、いざなぎ流太夫の先祖と考えられ、だから太夫たちも呪いを仕掛ける術を伝えている……とされてきた。

しかし、そうした世間の理解は、小松氏自身も具体的に明らかにしたように、多くの誤解があるようだ。

まず、いざなぎ流の「呪詛の祭文」は呪いを仕掛けるためのものでも、また仕掛けられた呪いを相手に打ち返すときに使うものでもない。それは「すその取り分け」と呼ばれる儀礼の場で使われる祭文である。

「すその取り分け」とは、過去に行われた「呪詛」を包括しつつも、さらに広い意味での不浄や穢《けが》れを取り除き、祭りの場となる空間を清浄なものにするために行う。したがって、いざなぎ流太夫が執行する家の神祭り（宅神祭《たくじんさい》）、氏神の祭祀、山や川の鎮めなどの前に、この「取り分け」が必要とされている。

さらに、祭文の物語に登場する「唐土じょもん」という人物も、依頼されて呪いを仕掛ける張本人だが、同時に最後は、彼の力で世界に充満した呪いの災いが「呪詛神《しん》」へと祭り上げられていく。そして呪詛神は、日本・唐土・天竺《てんじく》の潮境に、唐土じょもんが設営した「呪詛の名所」に鎮め封じられるのである。唐土じょもんは、呪いを仕掛ける術者であるが、同時に、その力を管理・統御するものでもあったのだ。

いざなぎ流の宅神祭

現在のいざなぎ流太夫たちも、唐土じょもんという「法者」によって呪い調伏《ちょうぶく》は始まったが、それを取り収めたのも彼の技に起源しているという理屈で、「唐土じょもん」を自らの儀礼執行の祖先、守護霊として崇《あが》めている。ここには、現代的な倫理観や価値観とは違う、「術」や「技」の世界に生きる法者たちの独特な思想が読み取れよう。

「呪詛の祭文」と取り分け儀礼

あらためて注目すべきは、いざなぎ流太夫が伝えた、膨大な種類の「呪詛の祭文」だ。いざなぎ流の「呪詛の祭文」は一種類ではなかった。そこには他に類を見ないような、きわめて細分化されたテキストが作り出されていたのだ。

◇「呪祖の祭文・釈尊流」
釈尊・提婆王の争いから呪詛の起源、その鎮めの来歴を語る、根本的な祭文

◇「提婆流」
提婆王が悪霊となって、人々を苦しめ、それを鎮めるための祈禱《きとう》法が記された祭文

◇「女流」
女性からの恨み・呪いが掛かったときに用いる祭文

◇「月読《つきよみ》・日読《ひよみ》」
月・日ごとにどのような呪詛が仕掛けられたか、それに対処する祭文

◇「西山《にしやま》の月読・日読」
西山という猟師の呪法による呪詛に対処する祭文

◇「仏法の月読・日読」

卒《そ》塔《とう》婆《ば》や墓などを使った呪詛に対処する祭文

◇「七夕《たなばた》の月読・日読」

七夕法という呪法に対処する祭文

法と枕のミテグラ、2つの祭壇。左右が「ミテグラ」、中央が「法の枕」

取り分けの儀礼

このように多くの種類の「呪詛の祭文」を伝えるのが、なんといってもいざなぎ流の特徴だ。それは、小松和彦氏が指摘したように、太夫たちが、たくさんの種類の呪咀法を伝えるからこそ、それに対処する法も開発されていったことを示している〔小松和彦・一九九四〕。いざなぎ流太夫にとって重要なのは、呪詛法のテクニックそのものなのだ。どんな技や術を使われても、万全に対応できるように、たくさんの種類の「呪詛の祭文」が生み出されたというわけだ。

こうした「呪詛の祭文」は、現在も太夫が執行する祭儀・祈禱のなかで用いられる。先に述べた「取り分け」儀礼の中心をなすのが、これら「呪詛の祭文」の読誦《どくしょう》であった。

以下、「取り分け」の手順を簡単に説明しよう。

取り分けには、「法《ほう》の枕《まくら》」「ミテグラ」という二つの祭壇が用意され、そこに山の神の幣《へい》、水神の幣、四足の幣、天下正《てんげしょう》の幣、そして呪詛の幣などが立てられる。またミテグラの中心には、祭文に登場する提婆王を象《かたど》る「提婆の人形幣《にんぎょうへい》」が立つ。こうした御幣《ごへい》のまえで、太夫はいくつもの祭文を誦《よ》み上げ、「呪詛」を中心とした、様々な穢れ・不浄を御幣のもとに呼び集め、取り憑かせる。

まず、太夫は「山の神の祭文」「水神の祭文」「地神の祭文」「荒神の祭文」といった神々

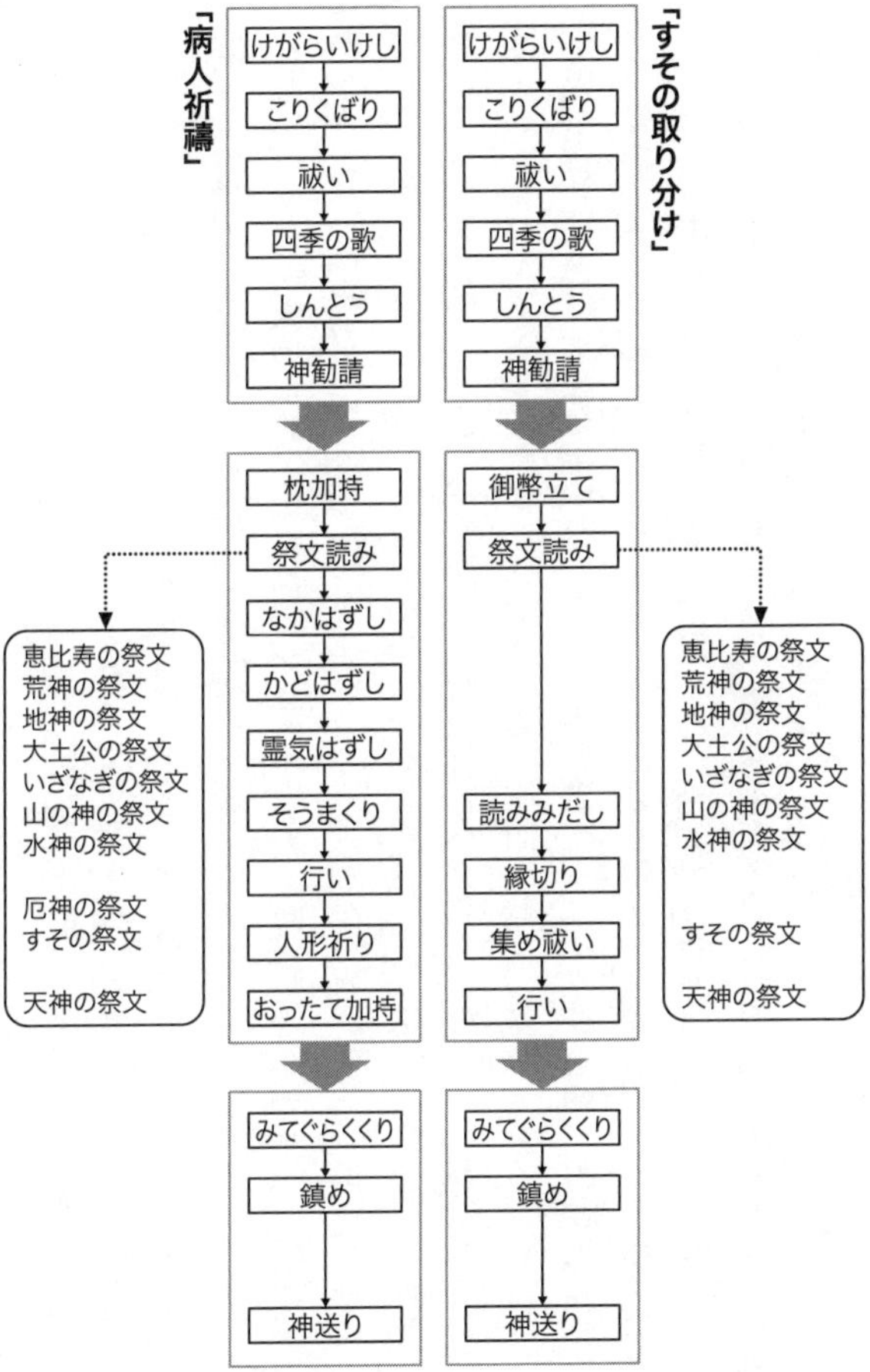

取り分け儀礼と病人祈禱との対比（出典　高知県立歴史民俗資料館『いざなぎ流の宇宙』）

の祭文を読誦し、祟《たた》りをなしていた神々に許しを乞《こ》う。そして神の眷属《けんぞく》（ヤツラ王・川ミサキ・山ミサキ・さんかの四足《しそく》・いぬ神・さる神・蛇神など、山川に棲息《せいそく》する妖怪《ようかい》・変化《へんげ》の類《たぐ》いが神の眷属とされる）たちが、人間に災いとなっていた場合、人々に取り憑いた状態から離れてもらって、それぞれの本拠である神々のもとにお帰りいただき、鎮まってもらう。これを「山のものは山へ、川のものは川へ」と太夫は説明する。

そして最後に、人の恨み・妬《ねた》みなどから発生した「呪詛」は、「呪詛の祭文」に説かれていたように、「呪詛の名所」へと送り、封じるのである。呪詛の発生源は、恨み・妬みをもった人間にあるわけだから、それを相手にそのまま送り返すと、呪いを打ち返すという報復行為になってしまう。だから、呪詛は「呪詛神」へと祭り上げて、特別な場所に封印してしまうという理屈である。これがいざなぎ流の「呪詛返し」の意味である。

実際の儀礼では、太夫は「呪詛」が集まった御幣、ミテグラを縄で縛り上げ、逃げることができないように「剣《つるぎ》の印《いん》・ばらもんの印・あじろの印・金輪《かなわ》の印・岩の印」など様々な呪的バリヤーを施し、村の外れや境に設定された「呪詛林《すそばやし》」というところに穴を掘って、縛り上げた御幣、ミテグラを埋めてしまう。これが祭文に語られた「呪詛の名所」に封じることを具体的にあらわしていた。

「式王子」の秘法

さて、呪詛林に埋められた呪詛（縛られたミテグラ）のうえには、大きな岩が乗せられ、その左右には、二本の御幣が立てられる。左側は「呪詛の幣」。呪い調伏の発動者・管理者の唐土じょもんを象《かたど》っている。唐土じょもんが呪詛の災いが出てこないように監視しているのだ。

もう一つ右側が「高田《たかだ》の王子の幣」。封印する岩の象徴というが、じつはこれこそが、いざなぎ流の呪術のもっとも深奥にある「式王子」の一つであった。儀礼の場で太夫は、「高田の行《おこな》い」という法文《ほうもん》を秘かに誦み、高田の王子という「式王子」を天空から召喚し、呪詛の守りにつかせるのである。

「式王子」の呪法は、それこそいざなぎ流の最奥の秘儀とされ、今まで謎に包まれていたが、近年、高木《たかぎ》啓夫《けいお》氏の『いざなぎ流御祈禱の研究』という詳細な研究によって、ようやくその一端が明らかになってきた（高木啓夫・一九九六）。またわたし自身も昭和六十二年（一九八七）から物部でフィールドワークを行い、その調査の一端をまとめた、『いざなぎ流　祭文と儀礼』によって、太夫たちによる式王子の実際的な使用法について、これまでわからなかったところを明らかにしてきた（斎藤英喜・二〇〇二、文庫版二〇一九）。以下、その成果を踏まえて、式王子について、簡単に紹介しよう。

まず「式王子」とは一つの総称であって、先の「高田の王子」のように、いくつもの種類が存在していた。たとえば以下のようなものだ。

◇大五《だいご》の王子・五人五郎の王子

病人に取り憑いたものが複雑にからみあっているときに使う。

◇用友姫《ようゆうひめ》の行い

自分の悪い星運を他の星運に移すときに使う。

◇火炎《かえん》の王子・鬼つか鬼神《きじん》王子・愛宕《あたご》の王子

悪霊を焼き払うときに使う。

◇五体の王子

病人祈禱の基本で使う。

◇大鷹《おおたか》、小鷹の王子

式王子の手下となるもの。

◇蛇はら王子・じゃじきの王子

蛇の餌《えさ》としての悪魔の魂を食べさせる法。

太夫はこれらの「王子」をおもに病人祈禱などのいちばん要《かなめ》となるところで用いる。病人に取り憑いた悪魔のモノを体から切り離し駆逐するときに、病魔の種類などによって、いくつかの王子をセレクトして使うという。「式王子」とは、使役霊の総称なのだ。

さらに太夫は、山の神、荒神、水神、天神、オンザキ神など普段は祭りの対象である神々をも、自ら使役する「式王子」の一種に変換させる呪法をもっている。そして、いざなぎ流では神祭りで使うものを「祭文」と呼び、一方、式王子を発動・使役させるときの呪法を「法文《ほうもん》」と呼び、両者を厳密に区別している。法文は以下のようなものだ。

◇山の神系　山の神のけみだし式、山の神のさあら式
◇荒神系　荒神ののうめ切り、荒神さかいんの法、大荒神のけみだし式
◇水神系　蛇式《じやじき》の法、水式の法、びき式
◇天神系　天神吹きみだしの裏式《うらじき》、天神血花くずし、天神の裏式上天川、天神九代の行の裏式、天神まなご打ちの法、天神のこんから式
◇オンザキ系　御崎式《おんざきじき》

これらの呪法も、たとえば山の神のお叱《しか》りによる病気ならば「山の神のさあら式」を使用

するといったように、病人祈禱が基本とされるが、その呪法を駆使するときの法文をみると、明らかに別の目的のものが見いだせる。「天神」系の法文を紹介しよう。

七人の大天神様、一時半時《いっときはんとき》に行い召《しょう》じまいらする（中略）かんなぎ御弟子《みでし》に受け持ち給うた、刃《やいば》の剣《つるぎ》を以《もっ》て、くろ肝《きも》かき割り、五臓を切り破り、血をあやし、血花《ちばな》に咲かせる、消滅せさる、影もないぞ、即滅《そくめつ》そばかと切って離す

（「天神吹きみだしの裏式」中尾計佐清太夫所持『敷大子行書物』）

いざなぎ流の「天神」は、菅原道真《すがわらのみちざね》を祭る御霊としての天神ではなく、鍛冶師《かじし》たちの始祖神となっている。その由来は、「天神の祭文」（中尾計佐清太夫所持『御神祭文集書物』）に語られている。鍛冶屋の家などで、天神を祭る場合は、「天神の祭文」を読み上げるのである。そしてその祭文で説かれた鍛冶神としての天神の力を使役しようとするときに、法文が読まれる。とくに引用した「天神吹きみだしの裏式」は、「裏」とあるように、天神が鍛え上げた「刃の剣」を使って、相手を「即滅」＝呪殺するという文句が出てくるのである。これは明らかに、仇《かたき》となる相手を呪詛・調伏するときの呪法であろう。

しかし、こうした例をもって、いざなぎ流太夫を呪詛する邪術師とみなしてはならない。

そう単純ではないのだ。われわれの目から見たときには、相手を呪詛するような文句をもっていても、太夫たちの祈禱の現場では、法文のなかの文句を出し入れし、使い分けて、病人に執念深く取り憑いて離れない悪魔のモノを追い出すときの強力な武器にする場合もあるからだ。また病気の原因が複雑に絡み合っているときは、いくつも法文をセレクトして、そのなかの言葉を使い分けていくともいう。

われわれの目から見ると、「呪い調伏」に使われるような凶行な式王子も、太夫たちにとっては、そのなかにこそ「神霊」のもっともピュアで奥深い力が秘められていた。それをうまく操作して使い分けていくことが、呪術師としての太夫の腕の見せ所なのだ。

いざなぎ流の背後に隠された系譜

いざなぎ流の「式王子」が、陰陽師の使役神＝式神と繫がっていることは、これまで言われてきたとおりだ。太夫たちの言葉のなかにも、それこそ「式を打つ」「式法」といった陰陽師風の表現がたびたび出てくる。わたし自身も、いざなぎ流の調査の過程で、何度も「式を打つ」といった言葉を太夫が発するのを聞いた。たとえば某太夫が、家のなかに背広をかけておいたら、翌朝、刀で切られたような痕《あと》があった。それを聞いた師匠太夫は、天神の法で式を打たれたのではないか、と平然と語っていた。それほどいざなぎ流は恐ろしい力をもっているので、注意しなければならないと、弟子太夫に語り聞かせている場面もあった。

いざなぎ流の式王子の呪法は、あきらかに陰陽師の系譜にあたるだろう。けれども、「式神」ではなく、あえて「式王子」と呼ぶように、そこには陰陽道以外の要素も入っている。たとえば、熊野修験のなかの「王子信仰」の影響がありそうだ。実際、熊野修験のなかには、いざなぎ流と同じ「五体の王子」なるものが登場してくる。また、いざなぎ流の「神楽《かぐら》」のなかには、熊野本宮《ほんぐう》・新宮《しんぐう》に由来する「清めの湯」というフレーズがたびたび出てくる。さらに歴史的にも、いざなぎ流が伝承された地域は、中世において熊野の荘園《しょうえん》であったところだ。いざなぎ流の一つの流れが「熊野」からきていることは、どうやら明らかなようだ。

いざなぎ流の特徴を雄弁に語る「呪詛の祭文」、あるいは「式王子」の呪法……。そこには、晴明たち陰陽師との接点が見えてくる。それはまちがいない。しかし同時に、いざなぎ流の呪法は、狭い意味の「陰陽道」だけではなく、たとえば熊野信仰、熊野修験との関わりが見られるように、中世以降の日本列島各地に伝わった、多種多様な信仰、儀礼作法の系譜が隠されているのである。

このことは、いざなぎ流と「陰陽道」との結びつきをもっとも顕著に語ってきた「呪詛の祭文」についてもいえる。たしかに「呪詛の祭文」は、陰陽師のなかに伝えられたものであった。その意味で、いざなぎ流は、陰陽師の伝統を受け継ぐ。

けれども、「呪詛の祭文」＝呪詛返し儀礼は、中世後期から近世にかけての地方の民間宗教者・禰宜《ねぎ》といった人びとによっても行われていたのだ。それはけっして「陰陽師」に限定するのではなく、多様な在野の宗教者たちによる呪詛返しの儀礼の裾野《すその》のなかに位置づける必要が出てくるのである〔斎藤英喜・二〇一〇〕。

ここで、民間の「陰陽師」グループの動向に目を転じてみよう。

民間「陰陽師」たちの動向

晴明たち宮廷陰陽師とは別のグループ、すなわち在野の「陰陽師」たちは、晴明の活躍した時代とほぼ重なって登場してくる。記録のなかでは、彼らは「陰陽法師《ほっし》」（『日本紀略』『政事要略』など）という名称で呼ばれ、僧侶でありつつ、陰陽師でもあった。記録に出てくる彼らの多くは「厭式《えんしき》」「厭法」「厭符《えんぷ》」など、まさしく呪詛に携わっていたことが、確認されている。

さらに、最近、繁田信一《しげたしんいち》氏が注目した『政事要略』の記事中には、寛弘《かんこう》六年（一〇〇九）に起きた藤原道長、一条天皇の中宮・彰子《しょうし》、第二皇子・敦成《あつひら》親王への呪詛事件に関わって、円能《えんのう》、妙延《みょうえん》、源念《げんねん》といった陰陽法師とともに、「道満《どうまん》」という名前の法師が登場してくる。後世、晴明のライバルとして伝説化された蘆屋《あしや》道満は、どうやら実在の人物であったのだ

（詳しくは第二章、「呪詛を仕掛ける陰陽師とは」、参照）。

様々な呪咀事件に関わった「陰陽法師」たちは、多くは都周辺に在住したようだが、知徳《ちとく》という法師陰陽師が播磨《はりま》国に住んでいた（『今昔物語集』）と伝えられるところをみると、在野陰陽師が地方にも多数いたことが推測できる。また都周辺でも、たとえば奈良の興福寺《こうふくじ》などの寺院のなかで「陰陽法師」に繋がるような宗教者たちが活動していたようだ。

それは、民俗学者・柳田国男が注目した「唱門師」と呼ばれる存在である。近世社会における彼らの活動の多くは、占い・祈禱などを行い、また家々に暦を配り、正月には万歳《まんざい》などの芸能事にも携わっていたが、一般都市民や村落民からは賤視《せんし》され、結婚のタブーが根強く存在したようだ。唱門師とは、「被差別民」の系譜につらなるわけだ。唱門師の源流は、中世の権門《けんもん》寺院内部で、掃除などの雑務に携わったものらしい。そうした穢れ・清めに関わる職掌が、彼らが差別された理由となったのだろう。

奈良と唱門師との関係はとくに深い。奈良・興福寺の門跡で、室町時代にその勢力を拡大した大乗院《だいじょういん》は、多数の唱門師を組織していた（『大乗院寺社雑事記』）。興味深いことに、宮廷陰陽師のもう一つの系譜である賀茂《かも》家の系統が、この興福寺、大乗院との関係をもっていたのである。

こうした宮廷の外で活躍する「陰陽師」たちが登場してきた時代、中世後期から近世にかけて、一方の宮廷陰陽師の正統を継ぐ安倍家＝土御門家はどうしていたのか。近世土御門家の動向については、木場明志《きばあけし》氏の先駆的な研究によって、ほぼ次のようなことがわかってきた〔木場・一九九二〕。

土御門家は、江戸時代に入ると、地方で活動する雑多な「陰陽師」系宗教者たちを自らの支配下に置くことを画策していく。すなわち、各地方で「陰陽師」を名乗り、占いや暦売り、祓《はら》え、祈禱、雑芸などの「商売」を営むものは、土御門家から「門人」としての「許状《きょじょう》」を発行してもらい、その対価として上納金を納めるという体制である（詳しくは第四章、参照）。

それは、天和《てんな》三年（一六八三）の霊元《れいげん》天皇の「諸国陰陽師之《の》支配」の綸旨《りんじ》＝勅許、それを追認する将軍綱吉《つなよし》の朱印状《しゅいんじょう》、さらに寛政《かんせい》三年（一七九一）の「触れ流し」によって、制度としての完成をみていく。明治三年（一八七〇）、明治政府によって、そのシステムが解体されるまで、諸国の「陰陽師」系宗教者は、文字どおり土御門家の支配下に置かれたのである。

いざなぎ流は「陰陽師」なのか

では、近世に土佐で活動していた、いざなぎ流太夫の先祖たちも、土御門家の支配下に入ったのだろうか。この点こそ、いざなぎ流が「陰陽師」なのかどうかを検証する一番の要だ。

ところで、現在のいざなぎ流の太夫たちが、自ら「陰陽師」と名乗ることはあるのだろうか。わたし自身、十数年の調査のあいだに、太夫たちの口から直接「陰陽師」という言葉を聞くことは一度もなかった。彼らが自らのことを「陰陽師」と認識することは、ないといってよい。

ならば、彼らは自分たちのことを何と呼ぶのか。「太夫」であり、さらに「巫博士《かんなぎはかしょ》」、または「博士《はかしょ》」である。それが彼らの自称だ。

「博士」。その名称は当然、「陰陽博士・天文博士・暦博士」など陰陽寮の上級官人を想像させるが、じつは「博士」とは、民間の占術師を呼ぶ言葉として、中世の御伽草子《おとぎぞうし》や縁起類に頻繁に現れる。「博士」の名称は、民間社会で活動する陰陽師系宗教者の別称の一つであったようだ。

では、土御門家は、こうした「博士」も自分たちの支配下に入れたのか。

近世初期、土御門家が諸国陰陽師を支配下に入れたとき、「陰陽師」としての活動内容を定める掟《おきて》を制定した。そこで土御門家は、弓を叩《たた》いて祭文を読誦し、死者霊を降ろし、病人祈禱などを行うことを「陰陽師」として禁止している。それらは梓神子《あずさみこ》・唱門師の所行として、「陰陽師」とは区別したようなのだ。

だが、いざなぎ流太夫の先祖は、土御門家から禁止された「弓祈禱」「死霊祭祀」「病人祈禱」をもっとも得意としたらしい。それを続けているかぎり、当然、彼らは土御門家に認定される「陰陽師」にはなりえなかった。事実、彼らの先祖は、土御門家支配下の「陰陽師」とは別に、土佐藩内の永野《ながの》吉太夫《よしたゆう》や芦田《あしだ》主馬太夫《かずまたゆう》を「博士頭《はかせがしら》」として組織された、「博士」の集団に属していたようである。彼ら博士たちは、土御門家から禁止された「梓神子」や「米占《ふまうら》」などを行い、死霊降ろしや憑物《つきもの》落としなどを専門に担った宗教者たちであったようだ。こうした実態からは、いざなぎ流太夫は、土御門家に許可された「陰陽師」ではなかったといえよう。

しかし近年、この通説をひっくりかえすような見解が、いざなぎ流研究の第一人者たる小松和彦氏より提示された〔小松・二〇一一〕。小松氏の調査によって、いざなぎ流の太夫を継承してきた旧家から、文政《ぶんせい》四年（一八二一）、あるいは文化《ぶんか》十年（一八一三）という年号をもつ、土御門家が発行した「陰陽師」の許状が発見されたのである。これは近世陰陽師の組織化の歴史から見れば、寛政三年（一七九一）の陰陽師組織加入を定めた全国触れの発令以降、土御門家の支配が、土佐藩の「槇山《まきやま》」（物部村の旧名）にも及んでいたことを証明する実例ともなるわけだ。

さらに小松氏は、土御門家の「陰陽師」に認定されたものの祖父の代までは「神主」としての仕事に就いていたことや、あるいは「博士」の株を売り買いしていたなどという実態も明らかにしていったのである。

以上の新事実からは、どうやら土御門家から発行される「陰陽師」の許状があるかないかは、近世後期の時代にあっては、たんなる形式的な問題にすぎなかったとも考えられよう。問題となるのは、彼らがどのような祈禱法や呪術、祭祀法を伝え、実践してきたのか、ということにあった。つまり幕藩権力によって認定された神主・博士・陰陽師という職分の向こう側で、この地域で伝承されてきた「信仰知識」をもって活動していた宗教者こそが「いざなぎ流太夫の先祖」であったというわけだ〔小松・二〇一一〕。

呪詛を祓うテクニックを作り上げ、多くの式王子の呪法を編み出していた、いざなぎ流太夫たち。彼らはまさしく「術法《ずつぽう》のもの」であった。そうした視点に立ったとき初めて、長い歴史の闇を超えて、「術法」の世界を生きた先達＝陰陽師・安倍晴明と相まみえることになるのだ。

第四章

江戸時代の陰陽師たち

平成二十四年（二〇一二）に公開された映画『天地明察』（監督・滝田洋二郎、原作・冲方《うぶかた》丁《とう》）は、一般にはほとんど知られていない江戸時代の天文学者・渋川春海《しぶかわはるみ》（安井算哲《やすいさんてつ》）を主人公にした異色の時代劇で、予想以上の観客を動員した。さらに若き春海を取り囲む人物として、これも普通の時代劇にはまず登場しないような、壮年時代の徳川光圀《みつくに》、会津《あいづ》藩主の保《ほ》科正之《しなまさゆき》、和算学者の関孝和《せきたかかず》、天文・地理学者の建部《たけべ》伝内《でんない》、垂加《すいか》神道《しんとう》の創設者・山崎闇斎《やまざきあんさい》など、歴史上の人物たちの魅力も描き出してくれたのだが（劇中、闇斎が討ち死にするのはフィクション）、なんといっても注目したいのは渋川春海とともに改暦の仕事を進めた土御門泰福《つちみかどやすとみ》が登場したことである。

土御門泰福――。ほとんど歴史の表舞台で活躍することはないが、彼こそ安倍晴明に発する安倍家の嫡流《ちやくりゆう》を受け継ぎながら、江戸時代の「陰陽道」の革新を推し進めた人物である。これまでは、西洋天文学を取り入れて、新しい暦を造り出した渋川春海の革新性にたいして、土御門泰福は「陰陽道」という朝廷権威に拠《よ》りかかった守旧派というイメージで語られることが多かった。しかし、映画でもきちんと描かれていたように、近年の研究によれば、ふたりの関係はけっして対抗的なものではなかったのである。

その背景にあるのは、陰陽道そのものが、近世社会のなかでいかに新しい思想や学問へと変貌《へんぼう》していったのか、という点だろう。陰陽道もまた、西洋天文学とは無縁ではありえなかったのだ。

一方、近世社会にも、多種多様なかたちで活動している民間系の陰陽師の集団が存在していた。中世の法師《ほっし》陰陽師、唱門師《しょうもんじ》の系譜をひく彼らと中央の土御門家とは、それまでとは違う、新しい関係を取り結ぶことになる。それを作り上げたのも、土御門泰福であったのだ。

さらに泰福以降にいたれば、社会全体に西洋の知識や学問が浸透してくるなかで、陰陽道は西洋天文学と反発、競合しながら、しかしそれを取り込まざるをえない状況に向かい合う。そうした新しい時代状況のなかで、「陰陽道」は、いかに生き延びていったのか。そこには、国学者として有名な本居宣長《もとおりのりなが》やその弟子の平田篤胤《ひらたあつたね》といった人物たちも、「天文学」や「陰陽道」と無縁ではなかったという、知られざる事実も見えてくる。

江戸時代のなかで陰陽師たちはどのように生き、新時代に対応する「陰陽道」なるものを生み出してきたのだろうか。そこには意外な「江戸時代」の姿も見えてきそうだ。第四章は江戸時代に活躍した「陰陽師」たちの姿を追う。

まずは、江戸時代初期に陰陽師たちが居住していた、ある町を訪れることから始めよう。

1　江戸時代前期——変貌する陰陽道

奈良・陰陽町から

近鉄奈良駅から南に向けて延びる、アーケードの繁華街を抜けていくと、まわりの華やかな様子とはちょっと雰囲気の異なる一角に出る。緩い坂道の途中にある古い屋敷の塀には、「ここは陰陽町《いんぎょまち》」という表札が出ている。またその先には陰陽道の神々を祭る「鎮宅霊符《ちんたくれいふ》神《じん》社《じゃ》」が鎮座している。

「陰陽町」——。その名前が示すように、ここはかつて、民間社会に生きた陰陽師たちの居住した地域であったのだ。

ここに伝わった古文書の調査をした木場明志氏の研究によれば、貞享《じょうきょう》四年（一六八七）のころ、陰陽町には十七人の陰陽師が集団的に居住していたという。彼らは天曹地府祭《てんそうちふさい》、泰《たい》山府君祭《ざんふくんさい》、地鎮安宅祭、荒神祭《こうじんさい》、鎮宅霊符祭、あるいは大清祓《おおきよめばらい》、六根清浄祓《ろっこんしょうじょうはらえ》、身滌祓《みそぎはらえ》などの陰陽道祭祀《さいし》、祈禱《きとう》に従事し、一方「暦師」として地域の人びとに暦書を売り歩き、また祓えや祈禱の手土産《てみやげ》として配ったりしていることが判明した。地域の民間社会を「檀那場《だんなば》」として活動していた民間系陰陽師の実態が生々しく浮かび上がってきたのである〔木場・一九八二〕。

　こうした民間社会に根付いた陰陽師たちのルーツが中世にまで遡《さかのぼ》れることはまちがいない。彼らのルーツは民俗学者の柳田国男も注目した「唱門師」と呼ばれる人びとであった〔柳田・一九六九〕。彼らは占いや祈禱などを行い、また家々に暦を配り、正月には万歳《まんざい》などの雑芸にも携わっているが、近世になると、第三章にも述べたように一般の村落民からは賤視《せんし》され、とくに結婚の禁忌は際立っていたようだ。

奈良の陰陽町、御霊神社にて

　唱門師の源流は、寺院における雑役に携わった人々らしいが、たとえば奈良・興福寺の門跡《もんせき》寺院で室町時代にその勢力を伸ばした大乗院《だいじょういん》には、多数の唱門師が組織されていた（『大乗院寺社雑事記』）。南都の唱門師の多くは宮廷陰陽師の流れである賀茂《かも》氏の支流＝幸徳井《こうとくい》家の支配を受けていたようだ。

　柳田によれば、唱門師が住む在所周辺には「清明」を祭る社があったという（『周

鎮宅霊符神社

遊奇談』など）。賤視された雑芸民たちと交わっていく唱門師たちが、『簠簋抄《ほきしょう》』（第三章、参照）から説経《せっきょう》・古浄瑠璃《こじょうるり》『しのだづま』、歌舞伎『蘆屋道満大内鑑《あしやどうまんおおうちかがみ》』などの芸能に結実していく、安倍晴明の出生譚《たん》である「葛《くず》の葉伝承」などの語り手であったことは、充分想像しえよう（武田比呂男・二〇〇二）。彼らが信仰の対象とする「清明」とは、宮廷陰陽師の安倍晴明とは異なる「もうひとつの晴明」であったのだ。

さて、ふたたび陰陽町に戻ってみると――、この地域に居住した陰陽師たちが伝えた文書中に「陰陽道掟《おきて》」なるものがあった。その掟の発行元は、京都の「土御門家」とある。いうまでもなく、安倍晴明に発する陰陽道宗家である。この陰陽町に住む陰陽師たちは、土御門家の門人となっていたようだ。その証拠には、土御門家からの入門の「許状」も残されていた。

陰陽町に住む陰陽師たちが所持した土御門家入門の許状――。じつはその背景には、江戸時代前期に土御門家が全国の民間陰陽師たちを「支配」していった、知られざる歴史のドラマがあった。

天和三年、土御門家の陰陽師支配の確立

天和《てんな》三年（一六八三）五月、地方で活動する「諸国陰陽師之支配」を土御門家に一任するという霊元《れいげん》天皇の勅許が出た。さらに同年九月には、将軍綱吉による「朱印状」（朱色の印判を捺印《なついん》した幕府の認定文書）も出た。かくして土御門家の「諸国陰陽師之支配」は、朝廷、幕府の両方から認められたのである。それを獲得するために活動したのが、土御門家の若き当主、土御門泰福であった。

これ以降、地方で「陰陽師」として活動していた民間宗教者たちは、安倍晴明の正統を受け継ぐ土御門家の門人となった。「陰陽師」を名乗り、祈禱や占い、暦頒布などの仕事をするためには、土御門家の「許状」を得て、また土御門家が指定した「陰陽家行事のほか、異法を修すべからざる事」などと指定された「掟」を守ることが課せられたのである。

なぜ地方の陰陽師たちはこぞって土御門家に「入門」したのか。それは社会的に賤視されることの多かった彼らにとって、土御門家門人の「看板」は、社会的な差別を跳ね返す力になったし、なによりも「土御門」のブランドを得ることは、祈禱や祓えなどの「売り上げ」に直結したからだ。一方、土御門家にとっては、宮廷社会全体が衰退していくことで経済的

にもままならぬ状態に陥るなかで、地方の陰陽師たちの「売り上げ」から上納される収入は不可欠なものになっていた。ようするに土御門家と地方陰陽師たちのいわば相互補完的な関係が取り結ばれたわけだ。

もっとも土御門家による陰陽師支配権の獲得は、一朝一夕のうちに出来上がったわけではない。寛文《かんぶん》七年(一六六七)には、室町時代の「散所声聞師《さんじょしょうもんじ》」(特定の貴族や寺社に所属する声聞師)の系譜をひく禁裏《きんり》陰陽師(宮中の下級陰陽師)の「大黒松太夫《だいこくまつたゆう》」が、独自に関東の陰陽師に許状を出していたために土御門家は訴訟を起こしている。また戦国時代以来、奈良を拠点とする唱門師(声聞師)らに影響力をもっていた賀茂家支流の幸徳井家も陰陽師支配に乗り出し、寛文十年(一六七〇)に土御門家との争論に及んでいる〔梅田千尋・二〇〇九〕。

こうした競合のなかで土御門家が「同業者」に勝ち抜き、諸国陰陽師支配の「本所」となりえたのは、なんといっても彼らが安倍晴明の系譜を継承する「陰陽道宗家」であったことが大きいだろう。

さらに彼らには、過去の実績もあった。たとえば元和《げんな》年間(一六一五〜二四)のころ、京都近辺にいた「舞々《まいまい》」という芸能に携わっていた人びとの身分保障のために、土御門家が口添えをしてやったらしい。畿内《きない》を中心に土御門家にたいして、多少なりとも従属的な関係を結んでいた陰陽師系の宗教者たちがいたことはまちがいないようだ。彼らのうち北河内《きたかわち》、北《ほく》摂《せっ》、山城《やましろ》の陰陽師たちは、後に土御門家の支配下陰陽師の中枢を担う「歴代組《れきだいぐみ》」と呼ばれる陰陽師となるのである〔木場明志・一九八二〕。おそらく彼らのなかには、戦国時代、地方に分散していった安倍、賀茂の支流の陰陽師も含まれていたかもしれない。

しかし土御門家が競合する相手は「陰陽道」の同業者だけではなかった。

競合する宗教者たち

じつは「本所」が中心となって、地方に散在する宗教者たちを支配・管理し、彼らから「売り上げ」を上納させるシステムは、土御門家以外でも行われていた。たとえば寛文五年（一六六五）に、吉田家が「諸社禰宜神主法度《しょしゃねぎかんぬしはっと》」という法で、全国の神社の神職たちを支配・管理する制度を幕府に認めさせていた。いうまでもなく吉田家とは、前章に登場した吉田兼倶《かねとも》の一族である。

また修験山伏の集団に関しては二代秀忠《ひでただ》の時代、慶長《けいちょう》十八年（一六一三）に、天台系の本山《ほんざん》派、真言系の当山《とうざん》派の「修験道法度」が出されて幕府に公認されている。これらは幕府が「本所」という存在を通して、多様な民間宗教者たちを間接的に支配する巧妙な手法であったのである〔木場明志・一九九二〕。

土御門家もこうした神道や修験のやり方を踏襲したことになるわけだが、残念ながら彼らよりも一歩も、二歩も出遅れてしまった。そのために地方の宗教者たちのあいだでは二重支配、つまり神道の免許をもちつつ土御門家の門人にもなるというものも少なくなかった。またすでに修験の組織に入っているものにたいして、土御門家が当家に入門させ、上納金を要求することもあった。土御門家の言い分は、僧侶、神職、修験であっても「占考《せんこう》」つまり占いを行う以上は、土御門家の許可を必要とするという、かなり強引な主張であった。そのために土御門家は僧侶、神職、修験などの他系列の宗教者を告発、争論を起こすことになったのである〔林淳・二〇〇五〕。

さらに、出遅れていた土御門家は、たとえば三河の「万歳《まんざい》」という雑芸能者たちもターゲットにして、彼らを「陰陽師」として入門させることもした。雑芸の徒は当然「陰陽師」としての知識や技術はないわけだが、「陰陽師」の許状を与えて、商売で得た収入から上納させていたのである。もっとも「万歳」とは、一種の祝福芸としての宗教性をもっていたので、現在イメージするものとは違っていたことも補足しておこう。

あらためて陰陽師の歴史を振り返ってみれば、「陰陽道」なるものは、安倍晴明の時代からつねに神祇信仰や密教、儒教など、他領域の「宗教」と競合し、相手のもっている知識、祭祀方法などを取り入れることで発達してきたのであった。逆にまた密教、儒学の側が「陰陽道」の知識から影響を受ける場合も少なくなかった。日本に展開する宗教の世界は、そうした多様な信仰知識、技法などと競合するなかで発展してきたといってもいいだろう。その意味でいえば、江戸時代における陰陽道と他系列の宗教者たちのぶつかり合いは、たんなる経済的な問題だけでは解消できない「伝統」であったともいえよう。

さて、江戸時代前期の陰陽師にとって、もうひとつあらたな競合相手が登場してくる。西洋天文学を取り込んだ、幕府の「天文方《てんもんかた》」である。

「貞享改暦」の深層にあるもの

天和三年（一六八三）、土御門泰福の尽力によって「諸国陰陽師之支配」が確立した、その翌年、陰陽道の歴史を揺るがす大事件が起きた。貞享《じょうきょう》元年（一六八四）の「改暦」である。それはなんと八百二十三年ぶりの改暦であった。

日本における暦法は、平安時代の貞観《じょうがん》三年（八六一）に採用された『宣明暦《せんみょうれき》』から、江戸時代前期まで変わることはなく、継続してきた。しかし、『宣明暦』にしたがっていると、日蝕《にっしょく》や月蝕《げっしょく》などの予報が外れることが多く、暦のうえで約二日の実際とのずれが生じていたのである。そんなことから『宣明暦』の誤りが指摘され、これがもはや時代遅れの暦法であることは、一部の知識人たちのあいだでは周知の事実となっていた。そうした古びた暦法からようやく新しい暦に改められたのが貞享元年（一六八四）であったのだ（実際に用いられたのは翌年から)。その改暦をリードした人物こそ、渋川春海(一六三九〜一七一五)である。
春海は、もともとは幕府お抱えの「碁所」(碁打ち)の宗家出身者であったが、早くから和算術や暦学、天文学に興味をもって研鑽《けんさん》をつんでいた。会津藩主の保科正之や水戸藩主の徳川光圀(水戸黄門)らの後押しを受けて、西洋天文学を伝える『天経或問《てんけいわくもん》』に学びつつ、イスラム暦の影響を受けた元《げん》の郭守敬《かくしゅけい》ら作成の『授時暦《じゅじれき》』を、日本(京都)の経度・緯度に合わせて再編した『大和暦《やまとれき》』へと作り直し、「貞享の改暦」に成功するのである。その功績によって春海は碁所を辞して、あらたに創設された幕府の「天文方」として天文を専業としていった。そして春海以降、渋川家が代々幕府の「天文方」を担っていくことになるのである。

あらためていうまでもなく、第一章でも触れたように、毎年の「暦」を作成し、それを頒布する仕事は、陰陽寮の「暦」部署が独占してきた。暦=時間の管理とは、本来は天子(天皇)の聖なる職務であるが、陰陽寮はそれを代行してきたのである。そして暦部門は賀茂家が独占してきたが、中世末期の混乱のなかで暦家としての賀茂家は断絶し、それ以降、「造暦」の任務も土御門家の側に移った(ただし第三章で記したとおり名目上、安倍家のものが賀茂家に養子に入り、「賀茂家」の家名は残した)。

ようするに「暦」の作成、変更などはあくまでも朝廷権力、陰陽寮が独占するものだ。それにたいして幕府の側に「天文方」が設置され、幕府主導で改暦を行うことは、朝廷の権威そのものの侵犯を意味したのである。

ところで、江戸時代の朝廷といえば、幕府の「管理下」に置かれ、有名な「禁中《きんちゅう》並《ならびに》公家《くげ》諸法度《しょはっと》」に象徴されるように朝廷=天皇の役目は学芸や儀式などの「非政治的」な領域に押し込められた、と考えられてきた。しかし近年の研究によれば、戦国末期に解体寸前にあった朝廷と公家の秩序を再構築し、「幕藩体制」という近世の新秩序の一端を担わせ、朝廷と幕府が相互依存的に体制を維持してきたと捉《とら》えるのが正しいようだ〔藤田覚・二〇一一〕。江戸時代の朝廷と天皇の役割はけっして軽視できない、というわけだ。

したがって貞享改暦のときも、実際のところ新しい暦法は渋川春海が作成したにもかかわらず、春海は土御門家に「入門」し、土御門家から伝授されたという手続きがとられた〔梅田千尋・二〇〇九〕。新しい暦もあくまでも「陰陽寮」から上奏された、という形に整えられたのである。

もう一歩、土御門泰福と渋川春海の関係の奥ひだに分け入ってみよう。

土御門泰福と渋川春海とを結ぶもの

これまでの研究では、朝廷という伝統的権威をバックにした土御門家と、新しい西洋天文学の知識も取り入れた新興の幕府天文方の渋川家とは、対抗的なイメージで捉えられてきた。そこには積極的に西洋天文学を導入した幕府天文方＝渋川家の勝利と、古代以来の古い陰陽道を墨守してきた土御門家の敗北、という近代的な「科学」の進歩に絶対的な価値を置く見方が前提となっていた。しかし、歴史の真相はそう単純ではない。

貞享元年（一六八四）の改暦の現場に立ち戻ってみると、渋川春海は自分よりも年下の土御門泰福に臣従の礼儀をつくしていたが、ふたりの関係はすこぶる友好的であったという〔木場明志・一九八二〕。また泰福自身も、春海に協力して、京都の梅小路《うめこうじ》（土御門邸）に鉄表を立ててデータ集めをする、というように、けっして「伝統的」な陰陽道を墨守するといった人物でもなかったようだ。ちなみに映画『天地明察』のなかでも、泰福と算哲（春海）との繋がりは、守旧的な公家たちと闘う「同志」として描かれていたが、それはまったくのフィクションでもなかったのである。

陰陽道の土御門泰福と天文方の渋川春海とを繋ぐもの――。そこに浮上してくるのが、近世社会に広がっていく、新しい「神道」である。そう、映画でも活躍していた山崎闇斎が作り出した、「垂加《すいか》神道」である。

それにしても、天文学、陰陽道、神道といった、一見結びつきようのないものが、なぜ、いかにして結びつくのか。ここにこそ近世社会のなかで、あらたに変貌していく陰陽道の秘密が隠されていた。

「吉田神道」から「垂加神道」へ

まずは中世後期にまで遡って神道と陰陽道との関係を振り返っておこう。

第三章でも紹介したように、中世後期には、卜部《うらべ》吉田家の奇才、吉田兼倶が積極的に賀茂家の天文学、暦道を学び、自己の『日本書紀』注釈＝「神道説」に活用していた。また賀茂家の側にも吉田家に入門して、神道の秘説を伝授されるものもいた。神道と陰陽道は密接な繋がりをもっていたのである。

その時代には、陰陽道と神道（吉田神道）は、お互いに競い合い、磨き合うような関係であったが、中世末期になるとその関係は変わってくる。中世末期には暦家の賀茂家は事実上、断絶し、また土御門家も戦乱のなか若狭《わかさ》国名田《なた》庄に移住し、その結果、土御門家に伝来する文書などの多くが失われた。たとえば陰陽師固有の卜占《ぼくせん》術である「六壬式占《りくじんしきせん》」の実践法なども、このときの混乱で失われたという（小坂眞二・一九九三）。また秀吉の時代には、土御門家系の陰陽師は追放され、存亡の危機に瀕《ひん》していたのである。

そうした陰陽道の衰退ぶりを象徴するような出来事があった。天正《てんしょう》十三年（一五八五）、京都にしばしば地震があり、それがいつまでも続いたので、吉田家と土御門家の両家に祈禱執行が命じられた。土御門家の当主、土御門久脩《ひさなが》（泰福の曾祖父《そうそふ》。呪詛請け負いの嫌疑をかけられ、追放された人物。第三章、参照）が泰山府君祭を行ったが、その祭祀の様子を見ていた吉田兼見《かねみ》（一五三五〜一六一〇）は、日記（『兼見卿記《きょうき》』）のなかで、陰陽道の大法たる泰山府君の「壇場」がきわめて粗末であることに呆《あき》れ、また久脩から祭祀執行のときの自前の法具や装束がないので貸してほしいと懇願されたが、断ったと記している〔林淳・二〇〇五〕。

さらに近世になると、寛永《かんえい》六年（一六二九）、土御門泰福の祖父にあたる泰重《やすしげ》が中宮の安産祈禱を命じられて祭祀を行ったが、その作法は陰陽道独自のものというよりも、「宗源《そうげん》行事」「十八神道行事」といった吉田神道が行う行法とほとんど同じようなものになっていたという〔林淳・二〇〇五〕。その段階では、もはや土御門家独自の「陰陽道祭祀」は失われていたらしい。陰陽道は、吉田神道の一分派に近かったようだ。

こうした陰陽道の衰退を挽回《ばんかい》させた人物こそ、土御門泰福であった。彼は吉田神道が中世的な神仏習合色を残し、もはや近世社会のなかでは時代遅れのものであることを見抜き、その当時、台頭してきた新時代の神道流派へと接近した。それが山崎闇斎の創始した「垂加神道」である。とりわけ、闇斎の垂加神道は「天文学」とも共振するものをもっていたのである。

山崎闇斎とはだれか

ここで簡単に山崎闇斎について紹介しておこう。

山崎闇斎（一六一八〜八二）は京都の鍼《はり》医師の家に生まれ、若い時代は比叡山《ひえいざん》や妙心寺《みょうしんじ》、土佐の吸江寺《ぎゅうこうじ》で仏道修行を積むが、土佐の儒学者から「南学」を学び、仏門を離れて還俗《げんぞく》。京都に戻ってからは、朱子《しゅし》学、さらに神道の研究へと進んだ。江戸時代前期の思想動向を反映するような思想遍歴の持ち主といえよう。

京都の黒谷の金戒光明寺にある、山崎闇斎の墓

闇斎が「神道」に目覚めたのは、会津藩主の保科正之の後援を得たとき、吉田神道を継承する吉川惟足《よしかわこれたり》（一六一六〜九四）を紹介してもらい、教えを受けたことに始まる（ただしその後、惟足との関係は決裂）。さらに闇斎は、伊勢神宮の外宮《げくう》祠官《しかん》であり、伊勢神道の復興者と称《たた》えられる出口延佳《でぐちのぶよし》（一六一五〜九〇）からも「伊勢神道」を学んだ。朱子学者の闇斎は儒教の側から神仏習合的な中世神道を批判、再編成して、独

自の「垂加神道」を編み出していったのである。ちなみに「垂加」の名称は、出口延佳から学んだ伊勢神道の「神垂《しんすい》は祈禱を以《もっ》て先となし、冥加《みょうが》は正直を以て本となす」（『宝基本記』）という表現からとったもの。

かくして闇斎が創設した垂加神道は、瞬く間に近世社会に広がっていき、その入門者には、会津藩主の保科正之、陰陽道の土御門泰福、天文家の渋川春海、武家伝奏《てんそう》の正親町公通《おおぎまちきんみち》、さらに京都の下御霊《しもごりょう》社、伏見《ふしみ》稲荷《いなり》社、祇園《ぎおん》社などの神職たちも門人となるものが多かった（松本丘・二〇〇八）。なお、闇斎の墓地は京都・黒谷《くろだに》の金戒光明寺《こんかいこうみょうじ》にある。

では、朱子学者の山崎闇斎がなぜ「神道」へと転回していったのか。その背景を探るためには、十七世紀後半という時代動向を見ておく必要がある。

あらためていえば、江戸時代の知識階級にとっては「儒学」（朱子学）が正統な学問であった。「中国」が文明の中心＝「中華」で、日本をその周辺にある「夷《い》」と位置づける思想がある。それを「華夷《かい》思想」と呼ぶ。そうした思想は、当時の中国が「明《みん》」帝国としてあったことと不可分である。「明」とは、十四世紀半ばに辺境部族の国家である「元《げん》」（モンゴル帝国）を漢民族が打ち倒して創設した、まさに漢民族を中心とした「中華」を実現した国家であった。

ところが十七世紀半ばに明が滅ぶ。明に代わって新しい帝国を生み出したのは、なんと女《じょ》真族《しん》＝満州族であったのだ。これが清《しん》帝国である。ふたたび漢民族の国家が「異民族」によって倒され、異民族の国家が「中華」になってしまった。それは「中華」「華夷」の思想の現実的な基盤が崩れたことを意味したのである。

明が滅び、清が誕生するという歴史的な転換は、江戸の儒学者たちにとって、現代のわれわれからは想像もできないような大事件であった〈あえてたとえてみれば、ソ連が崩壊したときの「マルクス主義者」たちの動揺に近い〉。ここで彼らが信奉する儒学＝文明の教えの現実的な根拠が失われたのである。それは江戸の儒学者たちによって「中華思想」が相対化され、さらに日本こそが真の「中華」であるという日本中華思想、日本型華夷思想を生み出すことになったのである〈桂島宣弘・二〇〇八〉。

「神道」としての陰陽道

こうした時代の動向のなかで、朱子学者たる山崎闇斎は儒学を超えるものとしての「神道」に目覚めていった。もちろんそのときの「神道」は、『古事記』『日本書紀』の古代神話そのままではない。

たとえば『日本書紀』では、天地未剖の何もない渾沌《こんとん》に、陰陽《いんよう》の気が生じ、天地が成ったた以降、最初に顕現するのは「国常立尊《くにのとこたちのみこと》」である。『日本書紀』では、陰陽の気が生じたあとに、クニノトコタチという神が顕現してくるのだ。しかし闇斎は、この神話を儒学の知をもって読み替えていく。少々難解だが、闇斎の原文を引いておこう。

原《たず》ぬるに、夫《そ》れ神の神たる、初より此《こ》の名、此の字、有らざるなり。其《そ》れ惟《こ》の妙測《はか》られざる者、陰陽・五行の主となりて万物万化《ばんけ》、此れより出《い》でざることなし。是《こ》の故に自然に人声に発して、然《しか》る後、此の名、此の字有り。日本紀に所謂国常立《いはゆるくにのとこたち》は、乃《すなわ》ち尊奉《そんぽう》してこれを号《なづ》くるなり。

（『垂加翁神説《すいかおうしんせつ》』）

始元の世界を探索してみると、もともと「神」という名前や文字があったわけではない。ただ不可思議な存在が陰陽・五行の主体となって天地・万物を生み出したのだ。その後「字」を持つことで、この霊妙な存在を「神」と名付け、さらに「国常立」と称えて呼んだのである……。

闇斎は、天地・万物を作り出したのは陰陽・五行の気の働きとみる。これは朱子学者として当然の立場である。また『日本書紀』にもそう記されていた（ただし「五行」はない）。だが、闇斎は、この天地・万物を生成させていった陰陽・五行のエネルギーこそが、じつは

「国常立」のことだと説明していくのである。

ようするに天地開闢《かいびゃく》の冒頭に顕現したクニノトコタチとは、天地万物を生み出す陰陽・五行の気に与えられた名称と解釈されるわけだ。逆にいえば、中国で作られた陰陽・五行の思想は、じつはすべて日本の神々のことであった。それは日本こそが「中華」であると説くことに繫がる。垂加神道が「神国」「皇国」意識の醸成に力を発揮したことはたしかなようだ。

ここから土御門泰福が、闇斎の神道に共鳴し、入門していく動機も見えてこよう。泰福たちが奉ずる「陰陽道」も中国起源の陰陽・五行説をベースにもっていた。しかし闇斎の教えに従えば、陰陽・五行説もじつは「神道」のひとつであったと逆転させることができるわけだ。陰陽道とは「神道」の別名であったというロジックである。ここで泰福は、土御門家の陰陽道を「天社《てんしゃ》神道」（安家《あんげ》神道、土御門神道とも）と呼ぶことになる。

しかし、あらためて思えば、歴史のなかの陰陽道とは、つねに時代の最新の信仰や知識との競合、影響のなかで、その時代特有な「陰陽道」を作り出してきたのであった。変貌することこそ、陰陽道の「伝統」だといえなくもない。そのことを考えれば、近世の新思想たる垂加神道と結びついた「天社神道」こそが、近世という時代固有の陰陽道の姿であったといえよう。新しい時代とうまくマッチすることで、陰陽道なるものは、日本列島の歴史のうえで活動しつづけることができたのだから。

こうした泰福による陰陽道＝天社神道の創造に関わった人物こそ、渋川春海であった。

「神道家」としての渋川春海

渋川春海については、近代的、科学的な天文学者のイメージがあるが、じつのところ彼は幼少期に山崎闇斎の垂加神道に入門し、また伊勢内宮の神官である荒木田経晃《あらきだつねてる》から「伊勢神道」を学んだほか、吉田（卜部）、吉川、忌部《いんべ》系諸流の神道をも習得したという経歴の持ち主だ〔西内雅・一九四五〕。その延長で、泰福の「天社神道」に入門して学んだともいえる。渋川春海のもうひとつの姿は、「神道家」であったのだ。

そうした「神道家」としての春海と天文学との結びつきを知ることができるのが、彼の神道書『瓊矛拾遺《ぬぼこしゅうい》』である。一般には知られていない春海の著作だが、そのなかに「我が国暦《れき》之始《のはじめ》」を『日本書紀』の神話から説き起こす記述があった。

『日本書紀』一書〔第六〕によれば、黄泉国《よみのくに》から帰還したイザナキは死の穢れを清めるために川で禊祓《みそぎはらえ》をする。その禊のなかから「八十枉津日神《やそまがつひのかみ》」「神直日神《かむなほびのかみ》」「大直日神《おほなほびのかみ》」という三神が誕生した。一般には凶悪な穢悪《えあく》の神・ヤソマガツヒが生まれ、それを浄化せんとカムナホビ、オホナホビが生まれたと解釈されるところだ。これについて春海は以下のように説明していく。

此《かく》の如きは、日行《にっかう》の度所謂《いはゆる》三天を曰ふなり。冬至《とうじ》の時日曲折《きょくせつ》して東に出づ。是を八十枉《まが》津《つ》と謂《い》ふ。春分の時漸《ようや》く直《なほし》、是を神直日《かむなほび》と謂ふ。夏至《げし》の時に到りて、愈直、是を大直日《おほなほび》と謂ふなり。我が国暦之始、伊弉諾尊《いざなきのみこと》日の三天を測る、春秋を考ふると雖も、歳時《さいじ》を定むる、其《そ》の詳《つまびらか》なること得て聞くべからず。

（『瓊矛拾遺』）

イザナキの禊祓でヤソマガツヒ・カムナホビ・オホナホビの三神が誕生する過程は太陽の運行と季節の位置、つまり冬至・春分・夏至の太陽の運行を測定したことを意味した、というのだ。どこからそんな解釈が可能となるのか現代のわれわれからは想像もつかない。現代の神話研究から見れば、まったく牽強付会《けんきょうふかい》な説ということになるところだ。

しかしこのあと春海は、イザナキが「三天」を計測したとしても、それは太陽の運行による春秋の変化しか認識できず、「歳時」を定める「暦」としては未発達であったと述べる。そして真の暦は、推古《すいこ》天皇十年（六〇二）に百済《くだら》僧・観勒《かんろく》が暦本を献じたこと、持統《じとう》天皇元年（六八七）に頒暦《はんれき》のことがあり、同四年（六九〇）に『元嘉暦《げんかれき》』（南朝の宋《そう》の元嘉二十年〔四四三〕、何承天《かしょうてん》が造った暦）、『儀鳳暦《ぎほうれき》』（唐《とう》の麟徳《りんとく》二年〔六六五〕、李淳風《りじゅんぷう》が造った暦）を用いたことに起源すると説いていくのである。いうまでもなく、百済僧・観勒による暦本、持統天皇代の『元嘉儀鳳《げんかぎほう》』は、中国によって造られた暦、太陰太陽暦である。つまり中国暦が使用されることに「我が国暦之始」を求めたわけだ。朱子学と神道との習合をめざした垂加神道の一員としては、当然の考え方といえよう。

『天経或問』がもたらしたもの

けれども春海もまた、「中国」に留《とど》まることはなかった。貞享改暦を可能にしたのは、それまで中国暦としては異端とされた元の時代の『授時暦』とともに、西洋天文学の概説書たる『天経或問』の成果を学んだことにあったのだ。

『天経或問』とは、明の末期から清の初期に生きた游子六《ゆうしろく》という人物が、イエズス会士によって伝えられた西洋天文学の概論をまとめた書物である。同書には「地球」「惑星」「天動説」「太陽暦」など、近代的な天文学の基礎が述べられていた。

もちろん徳川幕府は、有名な寛永七年（一六三〇）の「御禁書の令」以降、輸入される中国書物のなかで「天主教」＝キリスト教関連のものは、一切禁止した。だが、その網の目をくぐるようにして伝来したのが『天経或問』であった。この書は「寛永禁書令の網目をくぐって我が国人が目にふれることができた、唯一といって然《しか》るべき西洋天文学書であった」

〔藪内清・一九六〇〕。渋川春海『天文瓊統』、谷秦山『秦山集』「壬癸録」や新井白石『西洋紀聞』（正徳年間）、また寺島良安編『和漢三才図会』（正徳二年〔一七一二〕刊行）にも引用されている。さらに国学者の本居宣長も、同書を読んでいたようだ〔斎藤英喜・二〇一二a〕。

このように渋川春海は西洋天文学の知識をも手に入れることで、中国絶対主義＝中華思想から逃れることができたのである。春海の『貞享暦』は、最新の中国暦を受け入れつつ、イエズス会の宣教師マテオ・リッチが著した世界地図『坤輿《こんよ》万国全図』を参照して、中国と日本（京都）との距離（里差）を測り、それをおりこんで自分たちの暦＝『大和暦』を造り出した〔林淳・二〇〇六〕。それは朱子学を学んだ闇斎が、自らの思想を「神道」と呼んだことと呼応するような実践であろう。

かくして陰陽道の土御門泰福もまた、渋川春海や山崎闇斎との交流を通して、それまでの中国絶対主義＝中華思想とは異なる、「日本」固有の信仰、思想の創造現場に立ち会ったことはまちがいないだろう。それが「神道としての陰陽道」の創造だ。近世前期固有の陰陽道の成立である。

だが中華思想を相対化する「日本」の発見は、「西洋」の新しい学問、知識と出会うことが大きな要因をなしていたのである。

江戸時代の知識階級に浸透してくる西洋天文学。その新時代の知との競合、影響のなかで変貌する陰陽道。その担い手たる「陰陽師」は、いかに新しい時代を生きていくのか。

2　西洋天文学と出会う陰陽道

江戸時代の「晴明没後記念行事」とは

平成十六年（二〇〇四）は、安倍晴明の没後一千年を記念するイベントが各地で行われ、時あたかも巻き起こった平成の晴明ブームを、さらに盛り上げることになった（晴明神社の「一千年祭」は翌年に行われた）。その晴明フィーバーを記憶されている方も少なくないだろう。では、安倍晴明の没後年を記念する行事が、じつは江戸時代においても行われていたのはご存じだろうか。それは「晴明霊社祭」と呼ばれる。江戸時代の土御門家の記録によれば、

・承応《じょうおう》三年（一六五四）　六百五十年祭
・宝永《ほうえい》元年（一七〇四）　七百年祭
・宝暦《ほうれき》四年（一七五四）　七百五十年祭
・文化《ぶんか》元年（一八〇四）　八百年祭
・嘉永《かえい》六年（一八五三）　八百五十年祭

と五回行われていた。とくに注目されるのは、宝暦四年（一七五四）の「七百五十年祭」のときに、諸国の「晴明史跡」と土御門家との関係が深まったところだ〔村山修一・一九八一〕。

「晴明史跡」とは、現代から考えれば「晴明伝説」の伝承地ということになる。たとえば宝暦四年（一七五四）の「七百五十年祭」の暦四年の前後において、次のような「晴明史跡」が判明している。

◇大和国安倍山文殊院《もんじゅ》

本来は安倍（阿倍）氏の氏寺。「仲麿《なかまろ》公御廟《ごびょう》」と「晴明公之石窟《せっくつ》」が世に知られていた。土御門家から「晴明霊社」としての神号が付与された。

◇泉州《せんしゅう》　信太明神《しのだみょうじん》

宝暦期には竹田出雲《たけだいずも》作の浄瑠璃『蘆屋道満大内鑑』の舞台として有名となる。安倍晴明の母の神狐《しんこ》を祭る。ただし「晴明史跡」として知られていたのは「信太明神社《しのだみょうじんしゃ》」(聖《ひじり》神社)。またこの地域には土御門家の支配下に属した舞《まい》村の陰陽師たちが居住し、土御門家の「改暦」作業にも協力していた。

◇京都・嵯峨《さが》寿寧院《じゅねいいん》

「清明公御廟」とされる墓所が伝わる。しかし土御門家との関係はほとんどなく、土御門家からの問いあわせにも長らく返答もなかった。連絡が取れた後には「晴明霊社」の神号が付与された。

これらの寺院、神社は土御門家によって「晴明史跡」として認定され、それ以降は土御門家の配下に置かれることになるのである。特定の歴史的な人物に関わる由緒、史跡として意味づけられる動きは、江戸時代によくあることだが、晴明の場合は、宝暦四年（一七五四）の七百五十年祭を画期として意味をもったことが見えてこよう〔梅田千尋・二〇〇二〕。その背景には、土御門家が諸国陰陽師を自己の支配下に置くという、天和三年（一六八三）来の手法が機能していたのである。

ところで、この七百五十年祭には、もうひとつ忘れてはならない「晴明史跡」の認定があった。「京都葭屋町《よしやまち》晴明社」――、そう、現在の晴明神社である。

「晴明社」に居住していたのは……

安倍晴明ブームによって一躍人気の的となった、一条戻り橋のたもとにある「晴明神社」。だがその人気は平成の世になってから突然始まったわけではない。江戸時代にあっても、「葭屋町一条上ルの晴明社」は、安倍晴明の屋敷跡として知られ、京都の名所案内記にも載るほどの名所となっていたのである。ちなみに「晴明社」が安倍晴明の屋敷跡という伝承は、史料上からは否定されたことは、すでに紹介したところだ（第三章、参照）。ようするに晴明社は、安倍家とは直接なんら関係がなかったらしい。

では江戸時代の晴明社には、だれが居住していたのだろうか。なぜ安倍家（土御門家）と直接に関係がないのに、「晴明社」を名乗っていたのだろうか。

宝暦四年（一七五四）に執行された、安倍晴明七百五十年霊社祭にあたって、土御門家では各地の「晴明史跡」の由来などを調査した。その調査の対象は、土御門家のお膝元《ひざもと》の京都で、人気を博していた「晴明社」にも及ぶ。土御門家家司《けいし》の調べた結果、晴明社に居住したのは「愛宕《あたご》の僧」であることが判明したのである。

愛宕山は京都市の北西に聳《そび》える、火神カグツチを祭る火伏せの山として有名だ。天狗《てんぐ》の住む山と恐れられたように、ここは山岳修験者たちの霊場でもある。なぜそんな「愛宕の僧」が安倍晴明を神として祀《まつ》っていたのか。江戸時代の「晴明社」を詳細に調査した梅田《うめだ》千尋《ちひろ》氏によれば、愛宕の僧には易占《えきせん》、祈禱などを行う山伏＝法師陰陽師も多く含まれていたことが考えられ、まさに民間系の陰陽師の一派として「愛宕の僧」が晴明社を住まいとしていたという〔梅田・二〇〇二〕。江戸時代の晴明社は、民間系の宗教者たちの拠点となっていたのだろう。

かくして、安倍晴明七百五十年霊社祭の執行にあたって土御門家は、葭屋町晴明社を自らの支配下に置くことになったのである。晴明霊社七百五十年祭に際しては、土御門家からも当主・泰邦《やすくに》の子息、泰兄《やすえ》が晴明社へ参詣《さんけい》している。さらにその行列は、幕府の天文方の役人たちも供奉《ぐぶ》するといった、大がかりなものになったようだ〔梅田・二〇〇二〕。

それにしても、なぜわざわざ幕府の天文方の役人までも同道したのか。もちろん貞享改暦以来、幕府の天文方は、形式上は土御門家の「門人」という立場にあったためだ。しかし、安倍晴明七百五十年霊社祭が挙行された宝暦四年（一七五四）には、土御門家にとって、もうひとつ大きなイベントがあった。この年は、八代将軍吉宗《よしむね》のリードで再度の改暦事業が行われたのである。

「宝暦の改暦」の深層

渋川春海によって作成された『貞享暦』は、施行七十年後もそれほどの誤差もなく、とりたてて早急な改暦の必要性もなかったようだ。改暦を要求したのは、八代将軍吉宗であった。吉宗は、吹上御苑《ふきあげぎょえん》に自ら考案した測定器具を置いて星の位置を観測したり、長崎の西洋天文学に精通する西川如見《にしかわじょけん》を招いて質問をしたりするほど、天文学に熱中していたという。さらに天文学の進展には西洋の知識が必要という進言にしたがって、寛永以来の禁書令を緩めることも行った。吉宗は、西洋天文学にもとづいて、さらに精巧な暦を作りだすことを企図したのである〔渡辺敏夫・一九七六〕。

ところが、当時の幕府天文方の渋川家には、最新の西洋天文学にもとづいて改暦できる実力者がおらず、結局は西川如見の次男で、江戸で天文学を講じていた西川正休《まさやす》（一六九三～一七五六）が召されて、彼を実質的な改暦の責任者として、神田佐久間町《かんださくまちょう》に天文台を建てて観測を始めた〔渡辺・一九七六〕。ちなみに正休は、『天経或問』の訓点本を刊行して、西洋天文学の概説を世間に広める功績を残した人物だ。ただ一般理論には精通していたが、実際に暦を造るための数学的計算は不得意であったという。

その後、吉宗の死去で改暦事業は頓挫《とんざ》するが、その隙《すき》をねらうように、改暦事業に口を挟みはじめたのが土御門泰邦《やすくに》（一七一一～八四）である。その当時、暦の作成、頒布などの権利は、ほぼ幕府の天文方の側に移っていたので、土御門家としては、なんとかそれを奪還したいとチャンスをうかがっていた。泰邦は、改暦作業を進めるべく京都に派遣された天文方の西川正休に論争をしかけて、やりこめてしまうといった、かなり強引な手段も使ったというう。それで正休は江戸に召還されてしまい、土御門家が改暦の主導権を握ることができたのである。

では土御門泰邦は、天文方との論争に勝てるほど、西洋天文学や暦を造る計算術〔暦術〕

などに長《た》けていたかというと、それもどうも怪しかったらしい。在野で天文暦学に通じていた京都の西村遠里《にしむらとおさと》は、泰邦と正休の論争を「暦術においてくちばしの黄色い小児同然」とこき下ろしていた。

かくして宝暦四年（一七五四）の改暦『宝暦甲戌元暦《こうじゅつがんれき》』は、西洋天文学の知識が徹底できないまま、『貞享暦』をいい加減な冬至の観測で多少補正しただけのものにすぎなかった〔中村士・二〇〇八〕。だが土御門家にとっては、幕府の天文方から暦法の製作の権限を取り返した「勝利」でもあったといえよう。なお西村遠里は、指南番として土御門家に仕え、当初は泰邦を補佐する役目であったともいう〔林淳・二〇〇六〕。

時代遅れの陰陽道？

しかし、『宝暦甲戌元暦』の不備は、すぐに露見する。宝暦十三年（一七六三）九月朔《ついたち》に起きた「食分五分」という日蝕を泰邦の暦法は予測できなかったからだ。ここに土御門家への信頼は、一気に崩れてしまう。そこで明和《めいわ》八年（一七七一）には『宝暦甲戌元暦』の修正版が造られたが、それも粗《そ》なることが目立ったために、ついに幕府は土御門家から離れて、天文方による新しい暦の作成に着手した。

まず寛政《かんせい》四年（一七九二）、明末期のイエズス会宣教師アダム＝シャール漢訳の西洋天文学書である『崇禎暦書《すうていれきしょ》』にもとづく試暦を作成させ、さらに寛政九年（一七九七）に、西洋天文学、とくにケプラーの楕円《だえん》軌道説を展開した『暦象考成後編』にもとづき、麻田剛立《あさだごうりゅう》の門下生二人の最新の西洋天文学の知識による改暦が行われた。『寛政暦』である〔渡辺敏夫・一九七六〕。

寛政改暦を主導した麻田剛立（一七三四〜九九）は、豊後《ぶんご》国杵築《きつき》藩の藩医であったが、天文学、暦術を独学で学び、ついに脱藩して大坂に出て、「先事館」という私塾を立ち上げて、在野の天文学者として活躍した異色の人物だ。後に「麻田派」という天文学の学派も生まれ、有能な学者が続いた。大坂を拠点とした麻田派の天文学の特徴は、精密な暦の理論や計算技術を中心とした「暦学者」の系譜にあった。

一方、長崎を拠点とした西川如見、正休、志筑忠雄《しづきただお》たちは、地動説、太陽系、宇宙の成り立ちなどを解き明かす「天文学者」であったという〔中村士・二〇〇八〕。西洋天文学も、学派ができるほどに緻密《ちみつ》さを加えて発展したわけだ。

このような西洋天文学の進展のなかで、幕府天文方や土御門家の陰陽道は、もはや時代の流れについていけない守旧派となった。改暦を進めるのは、朝廷や幕府とは離れて独学で天文学、暦術を研鑽していた在野の学者たちであったのだ。土御門家の陰陽道は、天文学という学問、知識の世界のなかでは、まったく時代遅れの占術、呪術集団にすぎないとみなされた。「陰陽道」の時代は終わった、と思われよう。

けれども、そうとばかりはいえない面もある。たとえば土御門泰邦は、宝暦四年（一七五四）の改暦に際して、どちらかといえば政治的、権力的な駆け引きに終始していたというイメージが強い。しかしそのような泰邦も、元文五年（一七四〇）ごろには、毎月六回、邸宅で『晋書《しんじょ》』天文志、『漢書《かんじょ》』五行志などの天文書や『日本書紀』神代巻、『古語拾遺』などの神道関係書の講義を行い、彼の講義を聞く門弟たちは増えつつあったという。さらに泰邦自身も、西洋天文学について『天経或問』を独学で勉強し、天文学、暦学に関する著述もしていた〔林淳・二〇〇六〕。

注目されるのは、泰邦の講義に集まってきたものたちの中に、いわゆる民間の陰陽師たちとともに、民間社会で天文学や神道などを学ぼうとする在野の知識人たちも含まれていたところだ。旧来の「諸国陰陽師支配」の制度とは、異なる傾向の人びとを結集させる力が土御門家に生まれてきたのである。

さらに寛政の改暦以降、土御門家は自分たちの地位の低下を恐れて、寛政十二年（一八〇〇）には、陰陽道、天文学、漢学一般を教授する家塾を始めた。最初は「仮学塾《かがくじゅく》」と名付けられたが、その後は「斉政館《さいせいかん》」と改名された。いわば「官学」系の幕府天文方にたいして、「私立的」な教育機関が土御門家によって作り出されたのである。西洋天文学などの知識が幕府の機関に独占されていくなかで、広く在野で天文学、暦学に関心をもつ民間系知識人たちの受け皿になったというわけだ〔梅田千尋・二〇〇九〕。

その具体的な姿を見ていくまえに、泰邦が改暦を行った江戸時代中期に、天文学や暦術などが陰陽道や天文方以外の知識階層にまで広まった、とても興味深い実例を紹介しておこう。じつは意外な人物が天文学に嵌《は》まっていたからだ。

天文学に嵌まった『古事記伝』の著者

伊勢松坂《まつざか》から京都に出て医者をめざして修業をしていたひとりの青年が、その日記のなかで「下旬改暦ノ令有リ、宝暦甲戌暦ト称ス。土御門三位治部卿陰陽頭安倍泰邦朝臣《あそん》、コレヲ考フ」〔宝暦四年（一七五四）十一月〕と宝暦改暦のことを記している。京都は、その改暦にまつわる舞台であった。

日記からは、親元を離れて京都での遊楽を楽しむ若者の姿も垣間見《かいまみ》えるのだが、その青年こそ後に『古事記伝』の著者となる本居宣長（一七三〇〜一八〇一）であった。宣長といえば賀茂真淵《かものまぶち》を継承する国学者として、『日本書紀』よりも『古事記』の固有な価値を再発見し、近代的な文献学、国文学の祖として称えられた人物として知られていよう。現在にあっても国文学の研究者は宣長を先行研究として引用するほどだ。

けれども宣長の『古事記伝』の注釈は、彼が批判した中世の『日本書紀』注釈学、とりわけ吉田兼倶のそれとの共通点も見いだせ、また「神道者の愚昧《ぐまい》なる者……」と否定しながらも垂加神道との思想上の繋がりをもっていた。宣長もまた「注釈」という方法で『古事記』『日本書紀』を読み替え、近世固有な神話＝「近世神話」を作り出した神話学者であったのだ〔斎藤英喜・二〇一二a〕。

そうした『古事記』の研究者である宣長が、そうとう深く天文学を勉強し、その関係の著作、論稿も執筆していたことは、一般には知られていない。以下の著作、論稿がある。

・「天文図説」　天明《てんめい》二年（一七八二）
・『真暦考』　同年
・『真暦不審考弁』　天明七年（一七八七）
・「沙門文雄が九山八海解嘲論《きゅうざんはっかいかいちょうろん》の弁」　寛政二年（一七九〇）

宣長といえば、偏狭な国粋主義者というイメージが強いが、これらの天文学関係論稿は、西洋天文学がいかに優れているかを論証していくものであった。また彼の随筆には『天経或問』も出てくるほどだ。たとえば寛政二年（一七九〇）執筆の「沙門文雄が九山八海解嘲論の弁」では須弥山《しゅみせん》説にもとづく仏教系天文学を徹底的に批判し、西洋天文学が解き明かした「地球」説の正しいことを論じている。宣長はこの地上は空に浮かんだ球体＝「地球」であることを認めていたのである。ちなみにその七年後には、麻田剛立の門人ら最新の西洋天文学者たちによる『寛政暦』が造られたことは、先に紹介したところだ。

さらに天明二年（一七八二）に執筆した「天文図説」では、渋川春海が『貞享暦』を造るときに参考にした『授時暦』の優れていることを論じつつ、しかしその暦書も「歳差《さいさ》」のことを認識していないので、結局は改める必要が出てくるなどとも説明している。当時の天文学者がようやく認識していた「歳差」の問題にも言及し、渋川春海が用いた『授時暦』の精密さと限界までを論じているのは、驚きだろう。

ちなみに「歳差」とは、地球の自転軸が約二万五千八百年の周期で変化するために、観測する星座の位置が少しずつ変化して見えることをいう。二千年以上前に、ギリシャ、ローマ、エジプトではその「現象」が認識されていた〔高倉達雄・一九八三〕。ギリシャのプトレマイオスは歳差運動の値を百年に一度、イスラムの天文学者バッターニーは六十六年に一度とした〔三村太郎・二〇一〇〕。また渋川春海の寛文十年（一六七〇）刊行『天象列次之図』に、後漢の劉洪《りゅうこう》が春分点の移動から「歳差之法」を立てたことが記されている〔西内雅・一九四五〕。宣長はこうした「歳差」という専門的な天文知識をもっていた〔田山令史・二〇〇九〕。

改暦が必要となるのは、その「歳差」という現象にもとづくというわけだ。宣長もまた、在野においてかなり高度な西洋天文学を習得したひとりであったといえよう。

太陽暦とアマテラス

宣長が天文学を勉強していた期間は、彼の畢生《ひっせい》の仕事たる『古事記』の注釈書、『古事記伝』が書き継がれていたときでもある。そのなかで宣長は、アマテラスという神を「今まのあたり世を御照し坐々《ましまス》天津《あまつ》日《ひ》に坐々《ましませ》り」（『古事記伝』六之巻）、すなわち天空に光り輝く太陽そのものと注釈している。これは太陽神という象徴的な意味合いを超えて、天体としての太陽そのものをアマテラスとする解釈であった。

太陽は地上（地球）を普《あまね》く照らし、そこに生きる人びとにとって不可欠の存在である。そうした太陽、すなわちアマテラスの子孫である天皇が統治する「皇国」は、他の国々とは比較できない優秀な国であるという、まさしく自己中心的な言説を展開していくのである。こうした論法は盲目的な日本中心主義と批判されるところでもあるが、一見、非合理的、神がかり的な宣長の議論の前提にあるのは、天体としての太陽が地球を照らしているという西洋天文学にもとづく知識であったのだ。

さらに宣長は不正確な中国経由の太陰太陽暦（旧暦）の限界を指摘し、太陽を中心とした暦、つまり「太陽暦」のほうが「天地のおのづからの暦」＝真の暦であるとまで主張していた（『真暦考』）。これはあきらかに『天経或問』にもとづく発想だ。太陽そのものであるアマテラスは、「太陽暦」の根源たる神という認識にも至りつくのである〔斎藤英喜・二〇一二a〕。

宣長の『真暦考』で論じられた「太陽暦」を擁護する論調に、名古屋の天文学者・川辺《かわべ》信《しん》一《いち》から西洋流の考え方だという批判がなされた。これにたいして宣長は、はっきりと『天経或問』にもとづくとはいわないが、この書の説は「面白く覚えし」ものであったとは告白している（『真暦不審考弁』）。しかし宣長の「太陽暦」こそが「真の暦」という論法は、『天経或問』にもとづくのは明らかであった〔桃裕行・一九七二〕。『天経或問』の西洋天文学とアマテラスの神話とが結びつくわけだ。

なお川辺信一は、当時、名古屋では高名な天文学者であったが、その天文学の知識は中国在来の暦法を固守するのみで、宣長のほうが最新の西洋天文学に精通し、さらに「阿蘭陀《オランダ》の暦」の正確さにも言及するほどの知識の持ち主であった〔大久保正・一九七二〕。『古事記』研究者である宣長はまた、土御門家の陰陽道とも、幕府天文方とも別系統の在野の天文学者のひとりであったといえよう。あるいは大坂の「麻田派」の天文学者たちとの交友をもっていたのかもしれない。

なお宣長の弟子で、伊勢松坂の町与力の息子であった服部中庸《はっとりなかつね》（一七五七〜一八二四）も、天文学に傾倒した国学者のひとりである。天文学にもとづく独特な神話解釈をした『三大考』という著作も残している〔遠藤潤・二〇〇八〕。

天文学者としての平田篤胤

在野の「天文学者」として、もうひとり、これも意外な人物を紹介しておこう。宣長の「没後の弟子」である平田篤胤（一七七六〜一八四三）である。篤胤といえば、宣長以上の狂信的なウルトラ・ナショナリストとして批判されてきたが、近年では民俗学、霊学、さらに近世の出版文化の先駆けとして再評価の気運が高まっている人物だ〔吉田麻子・二〇一二〕。

さらに注目すべきは、篤胤が宣長以上に天文学、暦学に精通していたことだ。

たとえば宣長は「地動説」までは理解が及んでいなかったが、篤胤は地動説を肯定している。一般向け講義のなかで「大地は、その天つ日を中として、それより遥《はる》かに遠き大空を右旋《めぐ》りに漂ひ行きて、大周りに一周りする（これ一年なり）」（『古道大意《こどうたいい》』）と、地動説を多くの聴衆に向けて語っていた。

ちなみに江戸時代、十八世紀後半には「地動説」が広く紹介されていた。たとえば寛政八年（一七九六）の司馬江漢《しばこうかん》『和蘭天説』、寛政十年（一七九八）の長崎通詞《つうじ》の志筑忠雄『暦象《れきしょう》新書《しんしょ》』には「古伯爾泥喜栖《コペルニキス》・尼通《ニュートン》」の名前が紹介され、あるいは同年の本多利明《ほんだとしあき》『西域物語』、さらに享和《きょうわ》二年（一八〇二）～文政《ぶんせい》三年（一八二〇）成立の山片蟠桃《やまがたばんとう》『夢の代《しろ》』などが説いている〔鮎沢信太郎・一九四八〕。天は静止し地が動き、地球の外には幾多の世界があるという西洋の天文認識は、この時代の知識人にとっては、ほぼ常識となりつつあったようだ。そうした知的環境のなかに篤胤はいたのである〔斎藤英喜・二〇一四b〕。

　しかし篤胤は、西洋人が地動説を発見する以前に、すでに日本の「古伝説」のなかに地動説は出てくるというトンデモ本的発言もする。すなわち『古事記』のなかの「国稚《わか》く、浮《うき》脂《あぶら》の如くして、九羅下《くらげ》なすたゞよへる……」という神話は、地球が天界を旋回していくことを意味すると解釈していくのである（『古道大意』）。

　さらに篤胤は西洋天文学の「概説」だけではなく、たとえば『弘仁《こうにん》暦運記考』『太昊古《たいこうこ》暦《れき》伝《でん》』など暦学に関する著作も少なくない。また文政九年（一八二六）の『印度《いんど》蔵志《ぞうし》』という著書のなかで、「仏教」は吠陀《ヴェーダ》やサーンキヤ学派の迦毘羅仙《かびらせん》の説を模倣したものにすぎないと、膨大な数の仏典を引用しながら論じ、さらに『宿曜《すくよう》経』や『摩《ま》登伽《とうが》経』などのインド系占星術テキストなども多数引用していることから、宿曜道（密教系の天文占星術）にも通じていたことがわかる。

　さらに興味深いのは、「暦術は、天地間に流行する造化の気運を予《あらかじめ》に測量して知る法なれば、謂ゆる天文学ぞ本なる」と、数理計算や観測による「暦術」が天文学の基礎であると、麻田派的な見解も述べている。

このように篤胤が、天文方や土御門家をも凌駕《りょうが》するほどに西洋天文学、中国系、インド系の天文学、暦術などを勉強し、天文学全般に精通していたことはあきらかだ。しかし、そこから導かれていく篤胤の結論が、なんともすごい。西洋、中国、インドの天文学を統合し、その根源をなしているのが、日本の神々であったと説いていくからだ。

そして「暦」の起源をなし、それを統御している「暦神」とは、祇園社の祭神、牛頭天王であり、牛頭天王とはじつはスサノヲのことを指すという、まさに『簠簋内伝《ほきないでん》』などに発する牛頭天王神話へと結びつけていくのである。篤胤は、『簠簋内伝』は陰陽道の祖・安倍晴明の著作であることはまちがいない、と断定している（『牛頭天王暦神弁』）。それは篤胤と「陰陽道」の世界との接近を物語るものといえよう。

次に篤胤と土御門家との接点を教えてくれる人物を紹介しよう。

「斉政館」の入門者、鶴峯戊申

文化十三年（一八一六）のこと、ひとりの土御門家の門人が篤胤のもとを訪ねてきた。その人物は、鶴峯戊申《つるみねしげのぶ》という二十九歳の若手の学者であった。彼は何者なのか。

鶴峯戊申（一七八八〜一八五九）は豊後国臼杵《うすき》の祇園社の神主の家に生まれ、国学、窮理学、天文学、暦術を学んだ異色の国学者である。国学、神道を学んでいくなかで、西洋系の天文学・暦学と「古伝説」との関係に気が付いた戊申は、文化六年（一八〇九）、上洛したおりに、土御門晴親《はれちか》の塾に入門した。その塾こそ土御門家が広く一般に天文学、暦学などを教授する「斉政館」である。この斉政館という、新しい土御門家の「陰陽道」の歴史的な意義を明らかにしたのは、梅田千尋氏の研究だ〔梅田・二〇〇九〕。以下、梅田氏の研究によりながら、斉政館の様子を紹介しておこう。

文化・文政、天保《てんぽう》という江戸時代後期、幕末期の土御門家への入門者は、狭い意味での「陰陽師」という枠組みを超えて、天文学などに関心をもつ在野の学者、知識人たちが多くなっていた。とりわけ幕府が「阿蘭陀書籍翻訳物」の統制を強め、幕府天文方が西洋情報を占有する排他的な組織となったために、土御門家側が、天文方に代わる天文学、暦術を学ぶ重要な拠点になっていた。なによりも土御門家は、朝廷の陰陽寮、安倍晴明に発する「伝統」のある家だ。たんなる私塾を超えた「司天家《してんか》」という公的な位置に立つ。天文学、暦術に関心をもつ在野の学者たちにとっても、土御門家の斉政館に入門することで、ひとつの権威を得ることができたのだ。それは民間の陰陽師が土御門家の許状を得ることで、身分的な保障を得たことと構造は同じだろう。

文化・文政から天保の時代にかけて、土御門家の斉政館は、幕末の地方社会において活躍した民間系の学者も多数生み出したという。斉政館出身者たちのあいだには、天体観測の技術とともに測量技術などの実学を学んで地方の開発を担ったもの、慶応《けいおう》元年（一八六五）の「長州再征」のおりには、「算術測量方」として従軍し砲術指南を務めたものもいる。また斉政館は、一種の「出版社」の機能ももち、出版物を通して地方の知識・文化の活性化を担ったようだ。

また阿波《あわ》藩士の暦算家・小出修喜《こいでしゅうき》は、最新の西洋天文学の知識である「消長法」（麻田剛立が作成した暦学。一年の長さがわずかずつ変化するために、日蝕、月蝕が起こる周期などの天文定数が年月とともにゆっくり変化する法則のこと）に関するテキストを学んでいる。幕府の天文方では「極秘の伝」として閲覧が許可されず、学ぶことができなかった。そこで小出は、逆に土御門家に入門し、修学ののちに師範代に任命され、土御門家家蔵の「消長法」テキストの閲覧を許可されて、『丁酉元暦《ていゆうがんれき》』という著書も執筆した。彼は後に斉政館の学頭に就任している。ここからは、土御門家の入門者が、それまでの「陰陽師」とは違うこと、在野で最新の天文、暦学を学ぶ学者たちの拠点となっていたことがわかるだろう。篤胤と出会った鶴峯戊申も、そうした在野の一学者として土御門家に入門したひとりであったのだ。

篤胤と戊申の関係の深層

わざわざ訪ねてくれた土御門家門人たる鶴峯戊申と、平田篤胤は意気投合したようだ。篤胤の友人も交えて夕食を共にして、歓談したという。なによりも戊申が持参した『本教異聞《ほんきょういぶん》』が、篤胤が進めていた「古伝説」と西洋天文学、地理学などとを統合する研究方法を共有していたからだ。また戊申も篤胤の『霊能真柱《たまのみはしら》』を熟読して、互いに相手を意識し合う関係になったようである。

しかし後年、天保三年（一八三二）に江戸にくだった鶴峯戊申は篤胤と再会するのだが、このときは篤胤の側から一方的に罵倒《ばとう》されるという事態に至り、ふたりの関係は決裂した。戊申が『天の真はしら《あめのみはしら》』のなかで、『古事記』の「国稚く、浮脂の如くして、九羅下なすたゞよへる……」を地動説として解釈したが、これはあきらかに篤胤の説にもとづくのに、それに一言も触れていないのは剽窃《ひょうせつ》だ、というのが篤胤の言い分であった〔藤原暹・一九七三〕。

学説のオリジナリティは難しいところなのだが、当時、戊申が著作を数多く刊行していたことに篤胤が嫉妬したという事情などもあるのかもしれない。また後に戊申は水戸藩の弘道館《こうどうかん》に正式に出仕している。戊申が水戸藩と良好な関係をもつことを「浪人」であった篤胤は羨《うらや》んでいたのかもしれない。

ちなみに篤胤も水戸藩の弘道館への就職を望んでおり、藤田《ふじた》東湖《とうこ》を介して、水戸の烈公《れっこう》・徳川斉昭《なりあき》に「お目見え」もしたのだが、幕府の横やりが入って、正式な出仕はできなかった〔渡辺金造・一九四二〕。さらに天保十一年（一八四〇）、篤胤は『天朝無窮暦《てんちょうむきゅうれき》』について司天台から究問を受け、さらに『大扶桑国考《だいふそうこくこう》』が幕府からお咎《とが》めを受け、天保十二年（一八四一）、ついに著述差し止め、江戸追放へと至るのである（天保十四年〔一八四三〕に没）。そうした篤胤にたいして、鶴峯戊申は水戸藩に出仕し、弘道館で天文学を教授し、文字どおり立身出世を遂げていく人物であった。ふたりのあいだで何か「生き方」の根本が違っていたのだろう。

それはともあれ、篤胤と戊申の交流、断絶の関係からは、江戸時代後期から幕末に向けて土御門家の陰陽道が、それまでの「陰陽師」の活動とはまったく違う、新しい展開を遂げたことがわかるだろう。

土御門家の門人である鶴峯戊申が出仕した水戸藩の弘道館とは、いうまでもなく幕末の尊《そん》王攘夷《のうじょうい》思想の拠点となったところである。長州の尊攘派の理論的なリーダーとなる吉田松《しょう》陰《いん》もまた水戸で学んだことが、彼の思想の大きな転回になったことは、知られているところだ。そうした水戸藩に、土御門家の門人が出仕し、天文観測などの先端技術を教授していたのも、一般には知られていない、歴史の真相といえようか。

けれども、幕末の激動から明治維新をへた「近代日本」において、ついに陰陽師という存在は、歴史の表舞台からは姿を消していくことになる……。

第五章

陰陽師たちの近代と折口信夫

陰陽師たちの明治維新

明治三年（一八七〇）閏《うるう》十月十七日、「天社神道土御門家免許ヲ禁ス」という太政官布告が発令された。世にいう「陰陽道禁止令」である。土御門家は諸国の民間系宗教者を「陰陽師」として支配することができなくなったのだ。ここに「陰陽師」は歴史の表舞台からは消えていく。

「陰陽師禁止令」は、明治政府が推し進めた「神道国教化」政策による神仏分離令、修験道廃止、禁厭《きんえん》祈禱の医療行為差止め取締りなど、「淫祠邪教《いんしじゃきょう》」撲滅の動きの先陣をきるものであった〔木場明志・一九九二〕。「文明開化」に反する猥雑、低俗な迷信を一掃せんとする方針の先駆け、というわけだ。

けれども「陰陽師禁止令」が明治三年という年に発令された背景には、もうひとつ重要な問題があった〔林淳・二〇〇五〕。明治五年（一八七二）の太陽暦（新暦）の採用に際して、それまでの太陰太陽暦（旧暦）を基盤とした陰陽道が、文字どおり存在意義を失ったこととリンクするところだ。

もちろん江戸時代にあっても、土御門家は西洋天文学を「陰陽道」に取り込もうとする努力もしていたが、もはや新時代の趨勢は、そんな土御門家の能力を遥かに超えるところに動いていった。

とりわけ大きなことは、土御門家が出した許状による「陰陽師」身分の特権的保証が、新政府が打ち出した「四民平等」＝戸籍改正のなかで、意味を失ったことだ。土御門家による身分保障を奪われた地方の陰陽師たちは、その後どうなっていったのか。運よく「神職」、あるいは「僧侶」という明治政府によって保証される身分を得るものたちもいたが、それから排除されたものたちは教派系神道に所属することもあったようだ。「教派神道」とは、宗教性を喪失、隠蔽《いんぺい》した「国家神道」（神社神道）の枠組みから離れた神道系の宗教団体をいう。明治前期には「神道十三派」が創設された。

たとえば土佐藩で独立系陰陽師の系譜を継承してきた「いざなぎ流太夫」たちも、維新後、明治九年（一八七六）に創成された教派神道のひとつ「神道修成派」に加入していった。おもに祈禱系の宗教者たちが加入した団体であったが、小松和彦氏によれば、「いざなぎ流太夫」という自己認識、呼称もまた、教派神道の団体に加入するなかで、逆に自覚的に作り出されたのではないかともいう〔小松・二〇一一〕。これもまた「陰陽師」たちの近代のひとつの姿といえようか。

斎藤励『王朝時代の陰陽道』と柳田国男

近代化を推し進める日本社会のなかで、「陰陽道」や「陰陽師」の存在は歴史の表舞台からは消えていった。しかし明治末期から大正時代に至ると、近代化路線への懐疑や批判から、陰陽道は学問研究の対象として蘇ってきた。その始発点となるのが、東京帝国大学文科大学（国史学専修）に提出された卒業論文をベースに、大正四年（一九一五）に刊行された斎藤励《さいとうれい》『王朝時代の陰陽道』（郷土研究社・刊）である。その内容は、

第一章「漢土に於《おけ》る陰陽五行説の起源発達を述べて陰陽道の本体に及ぶ」
第二章「我国上古の思想界と陰陽道の伝来」
第三章「陰陽寮の官制と其教育制度」
第四章「其道の達人と伝播の一般と」
第五章「天文道と天文占と」
第六章「暦道と暦占と」
第七章「陰陽道そのものと筮式《ぜいしき》方術」
第八章「陰陽道に於る祭祓《さいふつ》」
第九章「災異と祥瑞《しょうずい》と」
第十章「年号の起源及改元の動機をのべて寧楽平安両朝思想の差異に及ぶ」

といったように、中国における陰陽五行説の発達から日本への伝来、そして「王朝時代」（平安時代）に多様な活動形態を見せる陰陽道の様相を史料にもとづいて明らかにしていくものであった。そこに展開された研究成果は、現代において通用する見解も少なくない。

さらに本書刊行の時代背景に分け入ってみると「陰陽道」の研究が、時代動向と深く切り結ぶ、いわば状況的な意味合いももったことがわかる。

そもそも明治の新時代にあっては「陰陽道」は、迷信として撲滅されるべき対象であった。そうした時代状況のなかで「陰陽道」を研究することは、時の政府の政策方針に反するような危険な行為でもあった。しかし明治三十年代後半になると、たとえば本居宣長や平田篤胤などの国学が現実の政治運動とは離れた形での「学問」へと変貌していったように、文明化された国家によって撲滅されるべき「迷信」＝陰陽道という図式を離れた可能性が見いだされたのである。斎藤励の著作は、その点において先駆的な研究成果であったといえよう〔水口幹記・二〇〇七〕。その背景にあるのは、明治国家が近代的な「国民国家」として成熟していく歴史的な動きであった。

ところで、斎藤励『王朝時代の陰陽道』を刊行したのは、柳田国男が主宰する郷土研究社であった。同社の「甲寅叢書《こういんそうしょ》」の一冊として世に出たものである。巻頭の凡例にも「本書出版に関しては、柳田國男氏の多大な同情と助言とに因《よ》りしは勿論《もちろん》…」というように、叢書の

編集委員代表たる柳田の強い要望があって、刊行に至ったようだ〔水口、前出〕
そのことは、大正期における柳田国男が、「塚と森の話」（一九一二）、「巫女考」（一九一三）、「毛坊主考」（一九一四）、「山荘太夫考《さんしょうだゆうこう》」（一九一五）、「唱門師《しょうもんじ》の話」（同）といった具合に、立て続けに民間宗教者にかんする論考を執筆していたこととともかかわる。柳田が注目した民間宗教者たちは「足利時代の唱門師が一種下級のハカセ即ち陰陽師で、祈禱もすれば初春の祝言も唱へる……」（「唱門師の話」定本9）とあるように、「ハカセ」と呼ばれる民間の陰陽師でもあった。そうした関心から「陰陽道」を研究した斎藤の卒業論文に注目したわけだ。
けれども斎藤励の著書のテーマは、あくまでも「王朝時代」における陰陽道の究明であって、柳田が扱うような「唱門師」や「下級のハカセ即ち陰陽師」という民間陰陽師に触れることはない。逆に柳田自身は、『王朝時代の陰陽道』が考察した古代の陰陽道の歴史的、信仰史的な実態については、ほとんど関心を示すことはなかった。この時点での柳田のテーマは「周縁的な民間宗教者」〔林淳・二〇〇五〕の社会的実態を解明することにあったからだ。
ここで登場するのが折口信夫である。柳田と折口の学問内容の相違点については、従来から指摘されてきたが、「陰陽道」をめぐっても、ふたりの違いは大きい。次にそれを見てみよう。

折口信夫の「陰陽道」研究の可能性

折口信夫の陰陽道（陰陽師）研究といえば、安倍晴明の出生伝承を扱った「信太《しのだ》妻の話」が有名だ。大正一三年（一九二四）の『三田評論』に発表されたこの論考は、「葛の葉の子別れ」として浄瑠璃や歌舞伎でも知られる安倍晴明の出生伝承を考察している。晴明の母が信太の妖狐《ようこ》とする伝承から、異類婚姻譚、族外婚の発生と異郷意識の展開、そして漂泊宗教者による伝承の生成が論じられた〔武田比呂男・二〇〇二〕。まさに折口学のキーコンセプトを胚胎《はいたい》した論文だ。文中には「柳田国男先生の考へられた「禿《カブロ》」とも「毛房主《ケバウズ》」とも言ふ……」（「信太妻の話」新全集2）などと、しばしば柳田国男の名前が出てきて、自身の考察が柳田の民間宗教者研究の継承であることを強調している。

こうした関心は、折口の他の論考にも見られる。たとえば、

法師陰陽師の姿になつて了《しも》うた唱門師《シヨウモジン》（寺の賤奴の声聞師の宛て字）の徒を中心とした千《セン》秋万歳《ズマンザイ》であつた。（「国文学の発生（第四稿）」新全集1）

陰陽師・唱門師から地神経を弾いた盲僧・田楽法師の徒に到るまで、家内・田園の害物・疾病・悪事を叱り除《よ》ける唱へ言を伝へてゐた。（「翁の発生」新全集2）

など、遊行の民間宗教者、芸能者の研究にとって陰陽師・唱門師は不可欠な存在であった。彼らを起点にして、折口の「まれびと論」、「ほかひびと論」が展開したといってもいいだろう〔斎藤英喜・二〇一九〕。

しかし、ここまでは初期柳田の研究テーマの範囲であったのだが、折口は、担い手の問題からさらに陰陽道の信仰史的な系譜にまで踏み込んでいく。

日本の陰陽道には、宮廷の陰陽道の博士の司つたものと、民間の寺僧が司つたものとがあつた。僧侶は支那に関して、直接に検分した知識をもつてゐるので、支那の民間信仰が寺に伝はり、陰陽道と共に、仏教と区別することが出来なくなつてゐた。宮廷の陰陽道の博士は、事務に拘《かか》はつて学問を固定させ、活気のないものとした。其為に僧侶の側の陰陽道が盛んに行はれ、仏教と支那の民間信仰との融合した信仰も拡《ひろ》まつて、盛んになつた。

（「年中行事」新全集17）

「日本の陰陽道」には、ふたつの系統があった。ひとつは、律令国家の役職である陰陽寮所属の「陰陽道の博士」に発するもの。賀茂保憲や安倍晴明などの官人たちが作り出した陰陽道である。もうひとつは「民間の寺僧」が担った陰陽道である。つまり「日本の陰陽道」には、「宮廷の陰陽道」と「僧侶の側の陰陽道」の系譜があり、そして後者のほうが民間の社会に浸透し、活発になったと説いていくのである。

折口の論述は、具体的な史料を提示せず、断定的な口調で述べることが多いが、この「陰陽道」のふたつの系統は、以下のような歴史的な実態が踏まえられている（小坂眞二・一九八七、橋本政良・一九七八、山下克明・一九九六）。

暦本・天文・地理・占術などの陰陽道の基本となる知識は、「支那に関して、直接に検分した知識」をもった僧侶たちによって伝えられた（『日本書紀』推古天皇十年〔六〇二〕の百済僧・観勒の記事）。さらに奈良朝の陰陽寮官人たちには、職務に携わるために還俗した元僧侶たちが多数存在した（『続日本紀』和銅七年〔七一四〕など）。また平安時代中期に陰陽寮を基盤に「陰陽道」という認識、名称が確立したときには、『宿曜経』という密教占星術や冥道《みょうどう》供《く》、六字河臨法《ろくじかりんぽう》、尊星王法《そんしょうおうほう》などの密教修法との交渉が重要だった。陰陽道と仏教とは互いに交流、競合するかたちで貴族社会に広がっていったのだ。

しかし、折口によれば、陰陽寮の官人たちは「事務」に携わるだけで、「学問」としての発展性が失われたという。「活気」のあるのは、「僧侶の側の陰陽道」であり、それが「民間信仰」とも融合して、社会に広がったというのだ。

「僧侶の側の陰陽道」とはなにか。それは陰陽寮とは別に活動した「法師陰陽師」、または「陰陽法師」と呼ばれた存在である。彼らは柳田国男も注目した「唱門師」に連なる存在だが、すでに平安時代の貴族社会のなかで活動していた。だが彼らは「法師の紙を冠にて博士だちをるを憎みて」(紫式部集)、「(見ぐるしきもの)法師陰陽師の、紙冠して祓したる」(枕草子)など、紫式部や清少納言など貴族女性たちからは嫌悪、忌避される存在であった。事実、法師陰陽師たちは呪詛事件に連座するものも少なくなかったからだ(『政事要略』寛弘五年〔一〇〇八〕など)。そのダークな一面は『今昔物語集』などの説話にも語られている。

しかし近年、「法師陰陽師」の実態を詳細に調査した繁田信一氏の研究によれば、法師陰陽師はなにも呪詛だけを請け負っていたわけではなく、中流以下の貴族たちが日常的な祓えや卜占のために法師陰陽師を利用していたことが判明した〔繁田・二〇〇四〕。安倍晴明クラスの陰陽師を雇えるのは、藤原実資や道長のような上級貴族の一部であったというわけだ。さらに戦後の一九五〇年代に、いち早く陰陽道研究の先陣を切った野田幸三郎は、法師陰陽師の活動を取り上げ「(陰陽)寮の職掌としての陰陽道とその質を異にした、新たな陰陽道成立の事実」に注目していた〔野田・一九五五〕。まさに折口のいう「僧侶の側の陰陽道」だ。そしてこちらの系統にこそ、陰陽道の宗教的な深まりを見ていくのである。

折口信夫の論考は、史料を引用しないとか、先行研究に触れないということで、近代的な学問研究のスタイルを逸していると批判されることも多い。たしかにその面もあるのだが、しかし、折口が何気なく語っているような論調のなかには、陰陽道研究にとって、重要な問題が指摘されていたことを見逃してはならないだろう。

「仏家の陰陽道」とかかわる『簠簋内伝』

そこで、さらに折口の論考を読み直してみると、次のような一文にぶつかる。

民間の神道を保持した力は、実は陰陽道の方式であつた。この陰陽道の影響が、神社に這入《はい》つてゐないとは言へない。寧《むしろ》、民間における陰陽道が、次第に地盤を固めた後に、神社神道のうちに、強い要素として這入つて来た痕《あと》が見える。譬《たと》へば、吉田の神道が其である。我が国には、陰陽博士の伝統以外に、或《あるい》は最有力であつた様に見える仏家の陰陽道の一流がある。陰陽道の学者は、尠《すくな》くとも、鎌倉以後は、一度は、仏家の陰陽道の洗礼を受けてゐる様である。

（「民間信仰と神社と」新全集20）

民間の神道の力。それを保持したのはじつは「陰陽道の方式」であった。その痕跡は中世の「吉田の神道」に見いだされる――。なんと折口の陰陽道研究は、中世の神道研究にもリンクしていくのだ。いったい、この錯綜した叙述の背後には、どんな「歴史」的な根拠があるのだろうか。以下、近年の研究を踏まえながら、それを読み解いてみよう。

折口によれば、鎌倉時代以降には、宮廷の陰陽寮所属の「陰陽道の学者」も「仏家の陰陽道」の洗礼を受けたという。それはどういうことか。

たとえば室町時代に「陰陽道の学者」である賀茂在方の『暦林問答集』（応永二十一年〔一四一四〕）という暦・方位の禁忌を記した書物が成立した。その序文によると、近年「愚師《ぐし》野巫《やぶ》の僻説《へきせつ》」が巷に溢《あふ》れて暦注の知識が混乱しているので、それに対抗して「正理」を説くために本書を編述したと、そのモチーフが語られている。この「愚師野巫の僻説」とは、宮廷陰陽道とは異なる民間の陰陽道のこと。すなわち折口がいう「仏家の陰陽道の一流」が唱えている暦の禁忌であるが、具体的には近年、馬場真理子氏が明らかにしたように、『簠簋《ほき》内伝《ないでん》』の説を指していた（馬場・二〇一七）つまり賀茂家の「陰陽道の学者」が書いた『暦林問答集』には、『簠簋内伝』に代表される「仏家の陰陽道」の「洗礼」が隠されていたのである（詳しくは第三章、参照）。

なぜこれが「仏家の陰陽道」とされるのか。『簠簋内伝』では、牛頭天王の物語にもとづいて（一四七頁、参照）、牛頭天王は「天道神」とされる。その方角、日時は万事が大吉の神である。妻の波梨采女《はりさいめ》は「歳徳神」という恵方の神、ふたりの子どもの八王子は「八将神」

（大歳《たいさい》・大将軍《だいしょうぐん》・大陰《たいいん》・歳刑《さいぎょう》・歳破《さいは》・歳殺《さいせつ》・黄幡《おうばん》・豹尾神《ひょうび》）という方位・暦の神、また牛頭天王を歓待した蘇民将来は「天徳神」という大吉の方位神とされる。そして牛頭天王に殲滅される巨旦《こたん》は「金神方位の神」。その方位を犯すと、七人までも隣人を殺害する＝金神七殺という、もっとも凶悪な方位神である。

このように『簠簋内伝』は祇園御霊会の縁起であることを超えて、そこに登場する神々は、陰陽道の暦の神々に当てはめられていく。『簠簋内伝』とは暦の禁忌の典拠を記す暦注書であったのだ〔林淳・二〇〇二〕。牛頭天王たちは「暦神」へと読み替えられたのである。

さらに重要なのは、牛頭天王によってもたらされる疫病を「濁世末代の衆生は、必ず三毒に耽《ふけ》り、煩悩増長し、四大不調にして、甚だ寒熱二病を受く」（中村璋八『日本陰陽道書の研究』第五章「簠簋内伝について」）と記述するところだ。「三毒」とは貪欲《とんよく》・瞋恚《しんい》・愚癡《ぐち》をあらわす仏教用語。それによって「煩悩」が増す。また「四大不調」とは、身体内の地・水・火・風の四名元素の調和が崩れたとき病気になるという思想である。ようするに『簠簋内伝』が語る疫病の観念は「仏教的世界観を色濃く反映している」のだ〔鈴木耕太郎・二〇一九〕。まさに「仏家の側の陰陽道の一流」といえよう。

そこからもう一歩踏み込むと、衆生の病いが「三毒」「煩悩」「四大不調」と説明されるとき、中世の神々が衆生の三毒によって「三熱」を受けるという「代受苦」の信仰機制が見えてくる〔山本ひろ子・一九九三〕。三熱を受ける神の多くは「蛇体」「龍蓄」として現出するのだが、ここであらためて牛頭天王が、なぜ「牛頭」という畜類かが問われよう。中世の神々が「三毒の体現である愚癡なる衆生の似姿」〔山本、前出〕とされるように、牛頭天王が「牛頭」という畜類のおぞましい姿として描き出される意味、また彼の妻が「娑竭羅《しやがら》龍王の第三女」＝龍女であったことには、衆生の「三毒」にたいする代受苦の表象がこめられていたのである。つまり神々が龍畜の姿になって、人々の代わりに苦を受けてくれるという思想だ。そして「外には五節の祭礼を違《たが》へず、内には二十六の秘文を収め、須《すべか》らく信敬すべし」という、彼らにたいする絶対的帰依と祭礼の実修によって、疫病から防護される牛頭天王の功力が得られるというわけだ〔斎藤英喜・二〇一二〕。「仏家の側の陰陽道」である『簠簋内伝』には、中世の神仏習合的世界が内在していたことが見えてこよう。

中世神道と陰陽道との交渉

そこでふたたび折口の論述に立ち戻ると、「仏家の陰陽道」が「民間の神道」へと広がっていくこと、その具体的な例としての「吉田の神道」が指摘されていた。陰陽道の問題は、仏教とともに中世神道とも深くかかわってくるのだ〔小池淳一・二〇一一〕。

「吉田の神道」とは、古代の神祇官に所属した卜部から発するもの。平安時代中期以降に卜部は卜占の術とともに、宮中祭祀、有職故実、さらに『日本書紀』の研究を進め、ひとつの学問の家を確立する（岡田荘司・一九九四）。その集大成が鎌倉時代中後期に成立した卜部兼方《かねかた》編述の『釈日本紀』である。彼らは「日本記（紀）の家」（太平記）と称えられていた。その学問を継承し、さらに「神道」の教義へと発展させたのが、室町期の卜部である。彼らは京都吉田神社の神職を世襲することから「吉田」を名乗った。その代表的人物が吉田兼倶《かねとも》である。彼こそが「吉田神道」の大成者であった。

ところで従来の神道史研究をみると、吉田神道は仏教に対抗して「反本地垂迹説」（神が「本地」＝本質で、仏菩薩が「垂迹」＝現象と逆転させた説）を唱え、仏教色の強い中世の神道のなかでは独自な位置にあるとみなされていた。しかし、この点について折口は、次のように述べている。

> 表面は仏教式な考へ方を却《しりぞ》けてゐる様に見えるが、実は吉田神道の基礎の一部をなしてゐるものは、日本紀を研究した仏家の知識を利用し、それと並行して進んで来たのである。
>
> （「民間信仰と神社と」新全集20）

仏教を退けているように見える吉田神道の基礎の一部は、「日本紀を研究した仏家の知識」

であった。こうした中世神道への注目は、近年の「中世日本紀」研究を先取りするものだ〔伊藤正義・一九七二、山本ひろ子・一九九八、原克昭・二〇一一、小川豊生・二〇一四、阿部泰郎・二〇二〇〕。中世における『日本書紀』の注釈・研究は、劔阿《けんな》『日本紀私抄』、良遍《りょうへん》『日本書紀巻第一聞書』、『神代巻私見聞』、慈遍《じへん》『旧事本紀玄義』、道祥《どうしょう》・春瑜《しゅんゆ》書写『日本書紀私見聞』、了与聖冏《りょうよしょうげい》『日本書紀私鈔』などのように、真言や天台系の僧侶たちが多数担っていたのである。そして折口によれば、一見すると仏教を排除するような吉田神道は、じつは『日本書紀』注釈を担った仏教の知識が取り込まれていたわけだ。

さらに吉田兼倶の『日本書紀』注釈・講義を見ると、「其盤古ハ、素戔尊ノ事ソ。唐ニハ牛頭天皇《ママ》トモ、無塔ノ天神ト（モ）申ソ」（『神書聞塵』神道大系）というように、『簠簋内伝』の牛頭天王と「素戔尊」との同体説を唱え、さらに「天竺ニハ、金比羅神トモ、マトラ神（摩多羅神）トモマツルソ。皆素戔烏尊ソ」と、スサノヲを多数の異国神と同体化させていくことで、「神道」が三国世界（天竺・震旦《しんたん》・本朝）の根源をなしていることを説き明かしていくのである。吉田神道は、仏教のみならず陰陽道の知識も吸収し、独自の神道説を生み出していたのである。

さらに吉田神道の祭祀には、「疫神祭、星祭、宇賀神祭、勝軍治要加持次第、七夕祭、招魂祭、鎮火加持次第、昆虫行事、神道牛馬祭行事、井水祭など、陰陽道系祭祀と同類の祭儀」が多く見られること、それらが「私的祭祀」として地方村落へと浸透したことを、岡田荘司氏が指摘している〔岡田、前出〕。まさに折口が「民間の神道を保持した力は、実は陰陽道の方式であつた……譬へば、吉田の神道が其である。」（「民間信仰と神社と」新全集20）と述べたことを「実証」するものといえよう。なお、「陰陽道の学者」である賀茂在盛《あきもり》は、吉田兼倶から「神道」の伝授を受けていた〔中村璋八・一九八五〕。吉田神道と陰陽道の繋がりは、さらに深められるべき課題といえよう。

以上のように、折口信夫の「陰陽道（陰陽師）」研究は、民間宗教者に着目する民俗学の範囲を大きく超えて、日本の宗教史研究へと波及する広がりを持っていた。とりわけ重要なのは、「仏家の陰陽道」を介して「神道」にたいする認識の変更を求めていくところだ。たとえば「純粋の日本の神道だと考へてゐる中にも、存外、かうした輸入の知識が、這入つてゐる」（「古代人の思考の基礎」新全集3）というように、純然たる「神道」という先入観を相対化する視野の提示である。その背景には、自ら進めてきた「文学中心、芸術中心」の研究が、結局「神道史の研究にも合致」（「神道に現れた民族論理」新全集3）したことへの自覚があった〔斎藤英喜・二〇一九〕。

こうした折口の「陰陽道」研究は、じつは彼が向き合った近代の神道と密接な関係があった。次にそれを検証してみよう。

近代の「神道」をめぐる動向のなかで

折口信夫が「陰陽道」の研究を述べてきた「民間信仰と神社と」という論考は、昭和四年（一九二九）の『神道講座』に発表されたものである。『神道講座』とは、昭和四年十月に行われた、伊勢神宮の第五十八回「式年遷宮」を記念して神道攷究《こうきゅう》会が編集したものだが、講座の事実上の監修者は、内務省神社局の考証課長を勤めていた宮地直一である（西田長男・一九八二）。それに先だつ昭和三年（一九二八）には、昭和天皇の即位大嘗祭が挙行された。その大嘗祭の挙行時に、折口は有名な「大嘗祭の本義」を書いていたのである。

阪本是丸《さかもとこれまる》によれば、昭和三年の大嘗祭、四年の伊勢神宮式年遷宮祭の挙行以降、「神道的イデオロギー用語」が社会に広がっていった（阪本・二〇一六）。それは「御大典」の祝賀ムードの裏側で、日本共産党員の大量検挙（三・一五事件）から、緊急勅令による治安維持法の「改正」（死刑・無期の追加）、内務省の特別高等警察課（特高）の設置、文部省の学生課設置など「思想統制」が始まっていく時代でもある。大正期以降の精神的、思想的、階層的に分断された社会にたいして、国民を再統合するために「神道的用語」が活用されたといえよう。

こうした「神道」をめぐる時代動向を踏まえると、折口が次のように述べていることは、重要な意味を持ってくる。

私は、神道といふ語が世間的に出来たのは、決して、神道の光栄を発揮する所以でないと思ふ。寧《むしろ》、仏家が一種の天部・提婆《だいば》の道、即異端の道として、「法」に対して「道」と名づけたものらしいのである。さうした由緒を持つた語である様だ。

（「神道に現れた民族論理」新全集3）

これは昭和三年（一九二八）に、神道を学問的に研究する神道学会が発行する『神道学雑誌』に掲載された論考である。そしてこのとき、折口は、神社神職を養成し、近代国学復興の拠点であった國學院大學の教授であった。そうした人物が「神道」の用語は、その「光栄を発揮する」ためのものではない、と語ることは驚きだ。

続く記述は、「神道」の用語の初出である『日本書紀』についての説明である。『日本書紀』にはこう記されている。

天皇、仏法《ほとけのみのり》を信《う》けたまひ、神道《かみのみち》を尊びたまふ（用命《ようめい》天皇即位前紀）

仏法を尊び、神道を軽《あなず》りたまふ（孝徳《こうとく》天皇即位前紀）、孝徳天皇の詔「惟神《かむながら》」注「惟神は、神道に随《したが》ふを謂《い》ふ。亦自《またおの》ずから神道有るを謂ふなり」（孝徳天皇大化《たいか》三年四月）と三例ある。

『日本書紀』のなかの「神道」は「仏法」の下位に置かれた「一種の天部・提婆の道、即異端の道」をあらわし、仏法によって鎮撫される邪悪なもの、土地の精霊という意味に由来するものであった〔テーウェン・マーク・二〇〇八〕。さらに「神道」は、歴史的に「仏教神道・陰陽師神道・唱門師神道・修験神道・神事《しんじ》舞太夫《まいたゆう》・諸国鍵取り衆など」の地方社会で活動する雑多な民間宗教者と不可分に結びついていること、それを「一種の厭《いと》うべき姿」と語っていく。

ここでは、国民統合のために「神道的用語」が用いられる時代のなかで、「神道」なる語の「厭うべき姿」とともに、多様な地域的信仰や民間の宗教者と結びつきつつ発展、生成したことを捉《とら》える折口の思想史的な立ち位置に注目しよう。昭和初期の国民統合、思想統制に使用される「神道」を相対化しようとする認識だ。「陰陽道」への注目は、そうした認識と不可分にあったことがわかるだろう。

ところで、近代国家における神社は「神社ハ国家ノ宗祀」（明治四年）という基本テーゼにもとづいて、その後、政策的な変遷を遂げながらも、「国体」思想とも結びついて貫徹されていく〔阪本是丸・一九九四〕。とりわけ昭和初期における「神社」の位置は、大嘗祭執行＝「神皇帰一」（神との一体化）による神聖化された天皇と結び付けられることで、超法規的な強制力が強化されていった。そこで繰り広げられるのは、神社を基盤とした神道＝神社神道である。その基本とされるのは、神社の神職は、歴史的に古い伝統を持つという認識であった。

しかし、そうした認識が歴史的に一般化できないことを、折口は見抜いていた。

今日の神社或は神職のある部分は、二三代前までの伝統を考へた時、果して所謂神社神道家の考へる如き、純然たるものが、どれほどあるであらうか。或は、宮寺の別当であり、或は陰陽師配下、唱門の徒の後、修験の法印、神事舞太夫出らしいのが多い。さうした過程において、神社神道が、どれほど、純粋を保って来たかといふことは、問題である。

（「民間信仰と神社と」新全集20）

近代における「神社神道」なるものの担い手は、「二三代前までの伝統」を調べてみると、「純然」たる神職の姿ではなかった。近代以前においては、宮寺の別当、陰陽師配下、唱門師、修験、神事舞太夫の出身であった、というのだ。したがって「神社神道」を、純化された神道とみなすのは、近代以降に作られた認識でしかない。「明治における神社のみを基礎とした神道観なるものは、起源のわりに新しいものといふことが出来る」（同前）とまで言い切るのだ。折口の論調は、国家と結びつくことで世俗化、権力化していく「神社神道」にたいする批判が籠められていたのだが、それは同時に、宗教としての神道の再生を目論むものであったといえよう。神道の宗教性の希求は、「民間の神道」に影響を与えた陰陽道、とりわけ「仏家の陰陽道」への着目に繋《つな》がるものであったのだ。

斎藤励の『王朝時代の陰陽道』が刊行された大正四年（一九一五）、折口はデビュー論文「髯籠《ひげこ》の話」を柳田国男の主宰する『郷土研究』に発表した。民俗学におけるヨリシロを定義した記念碑的論文として評価されるが、そのなかに「今日お慈悲の牢獄に押籠められた神々は、神性を拡張する復活の喜びを失うて了はれた」（新全集2）と、近代における神社神道（お慈悲の牢獄）や神道への違和、批判が述べられていた。じつはヨリシロの問題は、神社神道（近代神道）とは異なる神のあり方を探求する始発点にあったのだ（斎藤英喜・二〇一九）。

近代神職のもうひとつの姿

折口は、近代における神社の神職のうち、「二三代前までの伝統を考へた時」に、純然たる神職であったかどうかは、疑わしいと述べた。彼らの先祖には、「陰陽師配下、唱門の徒の後、修験の法印、神事舞太夫」などが多いという。「伝統」を強調する近代の「神社神主」を相対化する視点だ。そこで最後に、「いざなぎ流」の実例から、折口のいうところを検証してみよう。

高知旧物部村（現・香美市物部町）の「いざなぎ流」といえば、小松和彦の研究によって、民間陰陽師の残存形態を伝える存在として、広く知られることになった。太夫と呼ばれる宗教者による「すその取り分け」や「式王子」の法文など、地域に根ざした民間系の陰陽道の相貌を見せてくれる（詳しくは、断章、を参照）。

ところで、いざなぎ流の太夫が居住する旧物部村に近い大豊町《おおとよ》は、いざなぎ流の祭文の別バージョンを伝え、また物部の太夫とも交流があった地域である。この大豊町岩原に、幕末の文久《ぶんきゅう》元年（一八六一）に生まれ、明治、大正期に、地域の神社の神職を勤めた岡崎常盤《おかざきときわ》という人物がいた（岡崎家の資料調査には、梅野《うめの》光興《みつおき》氏の協力を得た）。岡崎家に伝わる文書には、明治四十五年（一九一二）の年号をもつ「社掌兼権中教監　三等司業岡崎常盤」と神官と教導職を兼務していた資料や、「大正弐年（一九一三）四月廿一日　内務省令…神社法令改正規則…」など、当時の神社行政を管轄した内務省神社局の神社法令関係の資料もある。この人物が、近代における神社神主であったことは、明らかである。

ところが彼の先祖を見ると、江戸後期の寛政十二年（一八〇〇）に生まれた岡崎長門《ながと》という人物は、陰陽師の弥太夫《やたゆう》の長男とされている。まさに折口がいうところの「二三代前まで」は陰陽師であった事例だ。ちなみに、長門、常盤という名からは、近世において神職を務めるために、吉田家の支配下に入っていたことが見てとれる。吉田家からの裁可状〔免許状〕も伝わっているようだ。陰陽師と神職との勢力争いなども推定されるだろう。

さらに興味深いことがある。岡崎常盤という神社神主は、明治三十二年（一八九九）には、地域の神社の祭礼に奉仕したが、そのときの祭礼では「松神楽《まつかぐら》」なるものを執行していた。彼が所持した『松神楽祭式行事作法』には、その松神楽にかかわる「松の本地」という祭文も記載されていたが、そこには「天照皇太神素盞烏尊、御兄弟の御代を争ひ、月日を争ひ天磐え幽居給ふ御時…」という中世的な岩戸神話の語りだしとともに、罪を得た母親が蛇体と変じて苦しみ、それを神楽によって鎮めていく物語が語られる。「松神楽」は、中世の浄土神楽の系譜に連なるとされるが〔岩田勝・一九八三〕、祭文からは、神による代受苦の信仰機制が読みとれる。大きく「中世神楽」の祭文として位置づけられるものだ〔斎藤英喜・二〇一八〕。先に見た『簠簋内伝』にも通じる信仰である。

また岡崎常盤所持の『祝詞《のりと》集』には「地神呪詛神鎮祭祝詞」という呪詛神を鎮める祝詞も収録されている。ここからは、神楽を執行する神主が、同時に呪詛にかかわる病人祈禱を行う実態が浮かび上がってくる。近代土佐における神社神主は、中世的な神楽の実修者であり、また病人祈禱をする祈禱師でもあったわけだ。そして彼の先祖は「陰陽師」であったのだ。まさしく折口の言説を実証する現場である。

一方、旧物部村のいざなぎ流太夫たちは、近代にあっては「神職」になるものは少なく、多くは明治九年（一八七六）に創成された教派神道のひとつ＝「神道修成派」に加入することで、近代の宗教統制を免れたようだ〔小松和彦・二〇一一〕。教派神道に入ることで、いざなぎ流の祈禱が保持しえたのである。

明治政府によって、その存在、活動を禁止された陰陽道。だが、地域社会の現場では、多様なかたちで生き抜いたことは間違いない〔木場明志・一九九二〕。いざなぎ流の存在はその一端を教えてくれる。そして折口の「陰陽道」研究は、民間信仰の現場とクロスさせることで、近代が封殺した陰陽道や修験道、民間の神道の実像を浮かびあがらせてくれる。

＊＊＊

学問の世界においても「陰陽道」は、しばらく姿を消していたが、ふたたび「陰陽道」のことがクローズアップされてくるのは、戦後の高度成長路線が失速し始める一九七〇年代以降の「反近代主義」の風潮、とりわけ八〇年代後半以降のポスト・モダンの思想状況のなかであった。それは柳田国男や折口信夫の「再評価」とリンクしてくるところだ。

かくして陰陽道の研究は、ほぼ同時期に進んだ修験道や中世神道（中世神話）をめぐる新しい研究動向とリンクしつつ、それまでの神道史、仏教史、あるいは神仏習合史という枠組みには納まりきれない「宗教史」研究のあらたな可能性を孕《はら》んで、若手の研究者を中心に、あらたな地平が切り開かれつつある。

終章

「安倍晴明ブーム」の彼方へ

世紀末から新世紀にかけて「陰陽道」研究が活性化した背景のひとつには、当時の日本列島を席捲《せっけん》した「安倍晴明ブーム」「陰陽師ブーム」があった。学問研究も社会の動向とは無縁ではありえないのだ。

なぜ世紀末から新世紀への転換点において、「陰陽師」はブームとなったのだろうか。たとえばブーム絶頂期に朝日新聞社の雑誌『AERA』が「心の闇を扱いかねた現代人が、闇を知り尽くした陰陽師に、救済を求めている」(『AERA』二〇〇〇年五月二十二日号)というキャッチコピーでブームを解読したことは、象徴的である。鬼や魔物を退治する陰陽師の活動は、都市社会のなかで生きる若者たちの抑え切れない心や負の情動をコントロールする術を教えてくれるというわけだ。

さらにブームを主導した夢枕獏の小説『陰陽師』シリーズ、その小説を原作としてスタートした岡野玲子画『陰陽師』(一九九四〜二〇〇五)をめぐって、学校という「異界」で「魔」に襲われてしまう子供たちと向き合う臨床心理士・岩宮恵子が、「魔」と対峙する陰陽師・晴明から大いに学ぶことがあると、その作品世界への絶大な共感とともに緻密な解読を行った〔岩宮恵子・二〇〇〇〕。

たとえば「(鬼にたいして)深い理解を示すことと、このような一見冷たいとも思えるような態度を共存させること」を陰陽師・晴明の立ち位置として見定め、その位置の取り方は、思春期の子どもたちが抱える「魔」と向き合う臨床心理士とも通じるものがある、と分析するのである。ちなみに岩宮恵子と作者の岡野玲子は対談して、その「シンクロ」する立場を確認しあっている（岡野＋岩宮・二〇〇二）。いわゆるサブカルチャーが主導した「陰陽師ブーム」の深層には、「癒し」や「セラピー」といった用語で語られるソフト・スピリチュアルな世界の一端があったのだ。

さらにもう一歩、時代との関係に踏み込んでみると、八〇年代後半から広がった、いわゆる「オカルトブーム」「精神世界ブーム」が、一九九五年の「オウム真理教事件」でことごとく封印されてしまって以降、若者たちの「スピリチュアル」なものへの渇望を満たしてくれるものとして、「陰陽師」に注目が集まったことが推測される。とくにオウム事件で顕著になった「宗教」がもつ集団性・拘束性の危険性にたいして、「陰陽師」が組織や集団を志向しないことも、あらたな魅力であったといえよう。

あるいは「陰陽師ブーム」の背景として、インターネットの普及があったことも見逃せない。岡野版『陰陽師』の物語内部に張り巡らされた「謎解き」を楽しむファンサイト（「たちはな亭」）や生命伝説から「日本史」の裏世界を読み解くサイト（「闇の日本史」）など、それまでとは違うファン層の広がりを生み出したのである。

また一九九〇年代の「スピリチュアル」への志向性が、宗教的な「救済」や「癒し」ではなく、「自己変容」というテーマにシフトしていることも、岡野玲子『陰陽師』が夢枕獏の原作小説をこえて、「魔術師としての晴明」の自己変容の物語へと展開していったことからうかがえる。岡野版『陰陽師』は、「陰陽道」の世界から、「クンダリニ・ヨーガ」や「タロットカードの占術」「錬金術」「エジプト神話」、あるいは「日本神話」や「伊勢神宮」の世界へまで広がっていったのである〔斎藤英喜・二〇〇四〕。

こうした岡野版『陰陽師』の世界を、伝統的な陰陽道から逸脱した、たんなるフィクションとして見ることもできよう。けれども、歴史のなかの陰陽師たちの活動を追ってきた本書の読者には、「陰陽道」なるものが、けっして固定した伝統文化などではなかったことも自明であろう。安倍晴明に始まる、歴史のなかの陰陽師たちは、つねに時代の最新の学問や知識、信仰と格闘し、それらと競合するなかで、自らの「陰陽道」なるものを生み出してきたのだった。その視点から見れば、ブームの絶頂期に生み出された岡野版『陰陽師』で活躍する安倍晴明とは、二十一世紀という未知なる時代のただなかに躍り出た、あらたな「陰陽師」の姿であったともいえよう。

しかし――、われわれの時代は二〇一一年「3・11」、二〇二〇年から始まった新型コロナのパンデミックによって、さらなる新世界へと突入した。自然災害と原発事故という、自然／文明との二元的な対立からは語りえない、この新しい時代。われわれの頭上に輝く星々からは、いかなるメッセージが発せられているのか。それを読み取る、新時代の「陰陽師」の登場を待つことにしよう。

あとがき

世間で陰陽師や安倍晴明のことが大流行していたのは、もう十年以上まえになろうか。そのころ、書店には陰陽師関連本が、山積みされていたことを思い出す。そんなブームはとっくの昔に過ぎ去ったのに、どうして、いまごろ「陰陽師本」を？　と不審に思う人もいるだろう。しかしそんな思いをもった方にこそ、ぜひ本書を読んでほしい。

この本は、ブーム以前から地道に積み上げられてきた陰陽道や安倍晴明に関する研究成果を踏まえつつ、僕なりの新しい研究や知見もふんだんに盛り込んだものだ。ブームのときに陰陽師や安倍晴明のことを知ったという人は、おそらくこの本を読んだら、まったく違う「陰陽師」の世界に出会うことになるだろう。

なによりも陰陽師や安倍晴明といえば、漠然と平安時代の煌《きら》びやかな貴族たちの世界と思うだろう。また平安京にうごめく魔や闇の世界といった常套句《じょうとうく》も口にのぼるかもしれない。しかし本書が取り扱うのは、平安時代だけではなく、鎌倉、南北朝、室町、戦国時代、さらに江戸時代や近代、現代にまで及ぶ。まさに日本の歴史の全過程に「陰陽師」は登場し、大きな歴史的な働きをなすことが明らかにされていくのである。そのとき、「陰陽師」を通じて見えてくる「日本史」は、いままで認識している「日本史」とは違う一面に遭遇しよう。

そして本書を読まれた読者が、安倍晴明についてさらに詳しく知りたいと思われたら、『安倍晴明─陰陽の達者なり』（ミネルヴァ書房）、また陰陽道と神々との関係については『増補　陰陽道の神々』（思文閣出版）、そして「いざなぎ流」のとんでもなく奥深い世界に魅了されたら『増補　いざなぎ流　祭文と儀礼』（法藏館）などの、拙著を読んでいただけると、とてもうれしい。本書は、そうしたより専門的な本への導きともなっているはずだ。

僕自身も、この本の執筆は、いままでの「陰陽道」の研究を整理し直し、自分なりに新しい問題を発見していく、とてもスリリングな体験であった。とりわけ第四章の後半に、本居宣長や平田篤胤が登場してくるとは！　『古事記』の受容史をめぐって彼らのことを書いたばかりだったので（『異貌の古事記』青土社）、陰陽師の本にまで顔を出すとは思わなかったけれど、宣長や篤胤を通して、あらためて「陰陽道」の世界の広がりと深さが見えてきたのは、自分でも「感動」だった。

本書は、角川選書の一冊、菊地章太氏『妖怪学の祖　井上圓了《いのうええんりょう》』の書評を書いたのがきっかけで、その本を担当された角川学芸出版の編集者、堀由紀子さんと出会ったことに始まる。

さらに思い起こせば、角川書店の雑誌『怪』の編集を手がけている梅沢一孔《かずのり》さんに、「陰陽師、星を観る」という短文を書かせてもらったことも、まわりまわって本書に繋がっていたようだ。そんなご縁が、本書の刊行へと発展したのだが、しかし、最初の刊行予定日を遅らせてしまい、堀さんには、ほんとにご迷惑とご心配をかけてしまった。申し訳ありませんでした。

でも、理系出身でありながら（?）、無類の「妖怪好き」の堀さんによる、草稿へのコメントや質問は、本書の内容を少しでもわかりやすくしてくれたことと思う。また校正担当の方には緻密なチェックをしていただき、大いに助かった。本作りは、著者と編集者との共同作業ということを、あらためて思い知らされた一冊である。なお、いつものように京都関係の地名や事項については、斎藤陽子の協力を得た。彼女にもお礼を。

さて、あとは「陰陽師」の知られざる世界と歴史が、ひとりでも多くの読者に届くことを願うばかりだ。

二〇一四年九月　　晴明神社の祭礼を前にした京都で

斎藤　英喜

新書化にあたって

本書は、二〇一四年に刊行した角川選書『陰陽師たちの日本史』を新書化したものである。とくに大きく異なるのは、「第五章　陰陽師たちの近代と折口信夫」を追加したところだ。これは最近、私自身の研究テーマが、「折口信夫」や「近代の神道史」に向かっているので、その新しい研究成果を盛り込んでいる。

明治三年の、いわゆる「陰陽道禁止令」によって、近代日本に「陰陽師」が姿を消して以降も、学問の世界では「陰陽道」の研究が進展したこと、とりわけ民俗学者・国文学者として知られる折口信夫が、陰陽道、陰陽師の研究を進めていたことを明らかにするとともに、「いざなぎ流」を伝える高知県旧物部村に隣接する大豊町の神職家と陰陽師との関係などを取り上げた。

折口の研究は、「第三章　中世、動乱の時代の陰陽師たち」を補足するものになっている。多少、専門的かもしれないが、歴史愛好家が多いと聞く角川新書の読者の方には、新しい研究成果に興味をもっていただけるものと思う。

それにしても二〇一四年の角川選書版の刊行から九年もたっているので、いまさら陰陽師とか安倍晴明とかでもあるまい、と思う人もいるかもしれない。しかし、二〇二〇年に始まった新型コロナの世界的なパンデミックのさなかに、主にテレビやメディアの領域で「陰陽師・安倍晴明」が、ふたたび注目を集めていた。

たとえばNHKBSプレミアム『英雄たちの選択』では「陰陽師・安倍晴明　平安京のヒーローはこうして誕生した」、同じくNHKBSプレミアム『コズミック フロント☆NEXT』では「いにしえの天文学者　安倍晴明」が放映された。これらの番組には私も制作協力・出演した。

とくに『コズミック』では陰陽道研究の先達、山下克明氏も解説で出演され、古代の天文観測の方法や天文占術について、かなり専門的な内容が紹介された。その高度な内容が評価されて国際版も作られて、海外でも放映された。ちなみに、再現ドラマでは、かつてのNHKドラマの『陰陽師』（夢枕獏原作）で晴明を演じた稲垣吾郎氏が、ふたたび晴明に扮《ふん》し、とくに晩年の姿まで描いたことで、吾郎ちゃんファンを喜ばせたとのこと。

また舞台でも晴明が取り上げられ、『ＩＮＳＰＩＲＥ　陰陽師』（山田淳也・演出）が二〇二〇年の大晦日から日生劇場で上演された。こちらでは大沢たかお氏が、晴明に扮した。私は舞台パンフレット「陰陽のバランスが失われたとき」を執筆した。

こうした、安倍晴明の「登場」の背景には、不自由で危うい生活を強いてきた「コロナ」を、なんとか祓い却《や》りたい、という心性が働いたのはまちがいないだろう。

一方、陰陽道研究のほうでも、この九年のあいだの進展は大きい。なによりも二〇一五年に、山下克明氏、梅田千尋氏、赤澤晴彦氏、そして斎藤が世話人となり「陰陽道史研究の会」が発足し、年二回、定期的に研究会を開催し、陰陽道に関係する多くの研究者の発表と交流の場を作り出したことの意義は大きい（じつは陰陽道研究には「学会」はない……）。そしてこの研究会が編者となって『呪術と学術の東アジア〔アジア遊学〕』（勉誠出版、二〇二二年）を刊行し、呪術、学術とともに、陰陽道と「東アジア」の呪術、宗教世界との関係をめぐる、新しい研究成果がまとめられた。

さらにリベラル左派系思想誌の老舗である『現代思想』（二〇二一年五月臨時増刊号、青土社）でも、陰陽道を特集した。こちらでは陰陽道と修験道をワンセットで取り上げることで、両者の接点と違いなどを明らかにし、これまでの『現代思想』誌の読者とともに、陰陽道、修験道に関心をもつ、幅広い読者に読まれた。

しかし、最新の陰陽道研究の真打は、なんといっても、林淳、細井浩志、赤澤晴彦、梅田千尋、小池淳一各氏が編集委員となって刊行した『新陰陽道叢書』全五巻（名著出版）である。いうまでもなくこれは『陰陽道叢書』（村山修一ほか編、名著出版）を継承し、その後に展開した陰陽道研究の成果を古代、中世、近世、民俗・説話、特論としてまとめ上げたものである。

さて、わが『陰陽師たちの日本史』は、こうした新動向のなかで、装いをあらたにして再登場することになった。その企画や編集実務は、選書版と同じく学芸ノンフィクション編集部の堀由紀子さんによる。コロナ禍を超えて、ふたたび一緒に仕事ができたことに心から感謝を。お互いに頑張りました。

そうそう忘れてはいけない。二〇二四年のNHK大河ドラマに、ついに安倍晴明が登場するとのこと。それに誘われて、さらに多くの読者が、本書によって陰陽道や安倍晴明のことを深堀りしてくれれば、うれしい。

二〇二三年十月　　ようやく秋めいてきた京都で

斎藤　英喜

引用資料、参考文献

『延喜式』　新訂増補　国史大系　吉川弘文館
『令集解』　新訂増補　国史大系　吉川弘文館
『類聚国史』　新訂増補　国史大系　吉川弘文館
『本朝世紀』　新訂増補　国史大系　吉川弘文館
『日本三代実録』　新訂増補　国史大系　吉川弘文館
『枕草子』　新日本古典文学大系　岩波書店
『権記』　史料纂集　続群書類従完成会
『小右記』　大日本古記録　岩波書店
『親信卿記』　続群書類従・記録部　続群書類従完成会
『朝野群載』　新訂増補　国史大系　吉川弘文館
『中臣祓訓解』　日本思想大系・中世神道論　岩波書店
『平家物語』　日本古典文学全集　小学館
『玉葉』　国書刊行会
『暦林問答集』　日本陰陽道書の研究　汲古書院
『神書聞塵』　神道大系・古典註釈編　神道大系編纂会
『祇園牛頭天王縁起』　室町時代物語大成　角川書店

『簠簋内伝』　続群書類従第31輯　上　続群書類従完成会
『簠簋内伝（天理図書館吉田文庫蔵本）』　日本古典偽書叢刊3　現代思潮新社
『陰陽雑書』『陰陽略書』　日本陰陽道書の研究　汲古書院
『御神祭文集書物』『敷大子行書物』　中尾計佐清太夫所持
『垂加翁神説』　日本の思想・神道思想集　筑摩書房
『瓊矛拾遺』　大日本文庫・垂加神道　上　春陽堂
『古事記伝』『真暦考』『真暦不審考弁』　本居宣長全集　筑摩書房
『印度蔵志』『牛頭天王暦神弁』　新修・平田篤胤全集　名著出版
『天の真はしら』　鶴峯戊申の基礎的研究　桜楓社

赤澤春彦『鎌倉期官人陰陽師の研究』吉川弘文館、二〇一一年
阿部泰郎『中世日本の王権神話』名古屋大学出版会、二〇二〇年
鮎沢信太郎『地理学史の研究』一九四八年（復刻版・原書房、一九八〇年）
伊藤正義「中世日本紀の輪郭」（『文学』一九七二年十月号）
出雲晶子編著『星の文化史事典』白水社、二〇一二年
今谷明『室町の王権』中公新書、一九九〇年
岩宮恵子「思春期のイニシエーション」（河合隼雄編『講座　心理療法1　心理療法とイニシエーション』岩

波書店、二〇〇〇年）
岩田勝『神楽源流考』名著出版、一九八三年
梅田千尋「江戸時代の晴明霊社祭」（晴明神社編『安倍晴明公』講談社、二〇〇二年）
『近世陰陽道組織の研究』吉川弘文館、二〇〇九年
海老澤有道『南蛮学統の研究』創文社、一九五八年
エリファス・レヴィ『高等魔術の教理と祭儀　教理篇』（生田耕作訳）人文書院、一九八二年
遠藤潤『平田国学と近世社会』ぺりかん社、二〇〇八年
大石良材『日本王権の成立』塙書房、一九七五年
大久保正『本居宣長全集　第八巻』「解題」筑摩書房、一九七二年
大日方克己『古代国家と年中行事』吉川弘文館、一九九三年
岡田莊司「陰陽道祭祀の成立と展開」一九八四年（村山修一ほか編『陰陽道叢書　1 古代』名著出版、一九九一年に再録。のちに岡田『平安時代の国家と祭祀』続群書類従完成会、一九九四年）
岡野玲子著／夢枕獏原作『陰陽師』（白泉社、一九九九年～二〇〇五年）
岡野玲子・岩宮恵子対談（『ダ・ヴィンチ』二〇〇一年十月号、メディアファクトリー）
小川豊生「座談会　十五世紀の文学　第三提起」（『文学』二〇〇八年五・六月号）
『中世日本の神話・文字・身体』森話社、二〇一四年
折口信夫「水の女」一九二七年～二八年『折口信夫全集』第二巻、中央公論社、一九九五年
「国文学の発生（第四稿）」（原著一九二七年、『折口信夫全集』第一巻、中央公論社、一九九五年）

「翁の発生」（原著一九二八年、『折口信夫全集』第二巻、中央公論社、一九九五年）
「年中行事」（原著一九三〇年、『折口信夫全集』第一七巻、中央公論社、一九九六年）
「民間信仰と神社と」（原著一九二九年、『折口信夫全集』第二〇巻、中央公論社、一九九六年）
「神道に現れた民族論理」（原著一九二八年『折口信夫全集』第三巻、中央公論社、一九九五年）
小和田哲男『呪術と占星の戦国史』新潮選書、一九九八年
桂島宣弘『自他認識の思想史』有志舎、二〇〇八年
金井徳子「金神の忌の発生」一九五四年（村山修一ほか編『陰陽道叢書　1古代』名著出版、一九九一年）に再録
金澤正大「関東天文・陰陽道成立に関する一考察」一九七四年（村山修一ほか編『陰陽道叢書　2中世』名著出版、一九九三年）に再録
岸俊男「『庚申』と刀剣」『遺跡・遺物と古代史学』吉川弘文館、一九八〇年
木場明志「近世土御門家の陰陽師支配と配下陰陽師」一九八二年（村山修一ほか編『陰陽道叢書　3近世』名著出版、一九九二年）
「明治以降の土御門系陰陽師」（『宗教民俗研究』二号、一九九二年）
「暦道賀茂家断絶の事」一九八五年（村山修一ほか編『陰陽道叢書　2中世』名著出版、一九九三年）に再録
「近世日本の陰陽道」（村山修一ほか編『陰陽道叢書　3近世』名著出版、一九九二年）
黒田日出男『王の身体　王の肖像』平凡社、一九九三年

小池淳一『陰陽道の歴史民俗学的研究』（角川学芸出版、二〇一一年）
小坂眞二「陰陽道の成立と展開」一九八七年（『古代史研究の最前線』第四巻、雄山閣、一九八七年）
「古代・中世の占い」（村山修一ほか編『陰陽道叢書　4 特論』名著出版、一九九三年）
『安倍晴明撰『占事略決』と陰陽道』汲古書院、二〇〇四年
小林一岳『元寇と南北朝の動乱』吉川弘文館、二〇〇九年
小松和彦『憑霊信仰論』伝統と現代社、一九八二年。後に講談社学術文庫、一九九四年
「いざなぎ流祭文研究覚帖・呪詛の祭文」（『春秋』一九九四年四、五月号）
『いざなぎ流の研究』角川学芸出版、二〇一一年
斉藤国治『星の古記録』岩波新書、一九八二年
斎藤英喜『アマテラスの深みへ』新曜社、一九九六年
『アマテラス―最高神の知られざる秘史』学研新書、二〇一一年
『いざなぎ流　祭文と儀礼』法藏館、二〇〇二年
『安倍晴明―陰陽の達者なり』ミネルヴァ書房、二〇〇四年
「常陸出生伝説を追う」（『週刊神社紀行　別冊　安倍晴明を旅する』学習研究社、二〇〇三年）
「民俗宗教のスピリチュアリティ―「陰陽師ブーム」と「いざなぎ流」の世界から―」（第20回国際仏教文化学術会議実行委員会編『生命論と霊性文化』二〇〇九年、思文閣出版）
「呪詛神の祭文と儀礼」松本郁代＋ルチア・ドルチェ編『儀礼の力』法藏館、二〇一〇年
『古事記はいかに読まれてきたか』吉川弘文館、二〇一二年ａ

『増補　陰陽道の神々』思文閣出版、二〇一二年b
「いざなぎ流祭文と中世神話―「中尾計佐清太夫本『金神方位の神祭文』をめぐって」」（佛教大学『歴史学部論集』二〇一四年a）
『異貌の古事記』青土社、二〇一四年b
「神楽の仏教―中世神楽の現場から」（『現代思想』二〇一八年一〇月臨時増刊号）「中世芸能と荒神信仰―中世神楽の現場から」（『悠久』第155号、二〇一八年）
『折口信夫　神性を拡張する復活の喜び』ミネルヴァ書房、二〇一九年
「暦神としての牛頭天王」（小池淳一編『新陰陽道叢書　第四巻　民俗・説話』、名著出版、二〇二一年）
斎藤励『王朝時代の陰陽道』（原著一九一五年、名著刊行会、二〇〇七年）
桜井好朗『祭儀と注釈』吉川弘文館、一九九三年
佐々木馨「鎌倉幕府と陰陽道」（佐伯有清編『日本古代中世の政治と宗教』吉川弘文館　二〇〇二年）
阪本是丸『国家神道形成過程の研究』岩波書店、一九九四年
「昭和前期の「神道と社会」に関する素描―神道的イデオロギー用語を軸にして」（國學院大學研究開発推進センター編『昭和前期の神道と社会』弘文堂、二〇一六年）
澤田瑞穂『地獄変』法藏館、一九六八年
繁田信一『陰陽師と貴族社会』吉川弘文館、二〇〇四年
下出積與『日本古代の道教・陰陽道と神祇』吉川弘文館、一九九七年

新川哲雄「鎌倉と京の陰陽道」（日本思想史懇話会編『季刊　日本思想史』第五八号　二〇〇一年）
末柄豊「応仁・文明の乱以後の室町幕府と陰陽道」（『東京大学史料編纂所研究紀要』六号、一九九六年）
鈴木一馨「式神の起源について」（駒沢宗教学研究会編『宗教学論集』二〇号　一九九八年）
『陰陽道』講談社選書メチエ、二〇〇二年
鈴木耕太郎『牛頭天王信仰の中世』法藏館、二〇一九年
瀬田勝哉『洛中洛外の群像』平凡社、一九九四年
高木啓夫『いざなぎ流御祈禱の研究』高知県文化財団、一九九六年
高倉達雄監修『現代天文学小事典』講談社ブルーバックス、一九八三年
武田比呂男「〈安倍晴明〉説話の生成」（斎藤・武田共編『〈安倍晴明〉の文化学』新紀元社、二〇〇二年）
「『信太妻の話』の周辺―晴明伝承と折口信夫」（斎藤・武田共編『〈安倍晴明〉の文化学』新紀元社、二〇〇二年）
テーウェン・マーク「神祇、神道（ジンドウ）、そして神道（シントウ）―〈神道〉の概念史を探る」（彌永信美訳『文学』第九巻第二号、二〇〇八年）
田中久夫「法道仙人と播磨の陰陽師」一九八四年（村山修一ほか編『陰陽道叢書　2中世』名著出版、一九九三年）
田山令史「Motoori Norinaga·s Thought on Astronomy」（Centre for Study Japanese Religions〔日本宗教研究センター〕『CSJR Newsletter』二〇〇九年）
次田潤『祝詞新講』明治書院、一九二七年

戸田雄介「鎌倉幕府の宿曜師」(『佛教大学大学院紀要』三五号 二〇〇七年)
富田正弘「室町時代における祈禱と公武統一政権」一九七八年(村山修一ほか編『陰陽道叢書 2 中世』名著出版、一九九三年)に再録
中村璋八『日本陰陽道書の研究』(汲古書院、一九八五年)
中村士『江戸の天文学者 星空を翔ける』技術評論社、二〇〇八年
西内雅「渋川春海の研究」(『谷秦山の學』冨山房、一九四五年)
西田長男「『神道講座』覆刻版解題」(神道攷究会編『神道講座 第一巻 神社篇』原書房、一九八一年)
西山良平『都市平安京』京都大学学術出版会、二〇〇四年
野田幸三郎「陰陽道の成立」一九五三年(村山修一ほか編『陰陽道叢書 1 古代』名著出版、一九九一年)
橋本政良「勅命還俗と方技官僚の形成」一九七八年(村山修一ほか編『陰陽道叢書 1 古代』名著出版、一九九一年)
服部英雄『河原ノ者・非人・秀吉』山川出版社、二〇一二年
馬場真理子「暦の「正理」――『暦林問答集』における暦注の解説を中心に」(『東京大学宗教学年報』三四号、二〇一七年)
原克昭『中世日本紀論考』法蔵館、二〇一一年
林淳「簠簋内伝」(日本仏教研究会編『日本仏教の文献ガイド』法蔵館、二〇〇一年)
『近世陰陽道の研究』吉川弘文館、二〇〇五年
『天文方と陰陽道』山川出版社、二〇〇六年

速水侑『平安貴族社会と仏教』吉川弘文館、一九七五年
平山優『検証 長篠合戦』吉川弘文館、二〇一四年
福永光司『道教思想史研究』岩波書店、一九八七年
プレモセリ・ジョルジョ「有国説話と泰山府君祭」日本文学協会研究発表会、二〇一四年七月、口頭発表
藤田覚『江戸時代の天皇』講談社、二〇一一年
藤原暹『鶴峯戊申の基礎的研究』桜楓社、一九七三年
増尾伸一郎「泰山府君祭と〈冥界十二神〉の形成」（田中純男編『死後の世界』東洋書林、二〇〇〇年）
松本丘『垂加神道の人々と日本書紀』弘文堂、二〇〇八年
三鬼清一郎「普請と作事」一九八七年（村山修一ほか編『陰陽道叢書　3　近世』名著出版、一九九二年）に再録
水口幹記「『王朝時代の陰陽道』と陰陽道研究」（齋藤勵『王朝時代の陰陽道』名著刊行会、二〇〇七年）
三橋正『平安時代の信仰と宗教儀礼』続群書類従完成会、二〇〇〇年
三村太郎『天文学の誕生』岩波書店、二〇一〇年
村山修一『日本陰陽道史総説』塙書房、一九八一年
室田辰雄「『文肝抄』所収荒神祓についての一考察」（『佛教大学大学院紀要』三五号　二〇〇七年）
桃裕行「日延の符天暦齎来」一九六九年（『暦法の研究　下』思文閣出版、一九九〇年）
「宿曜道と宿曜勘文」一九七五年（『暦法の研究　下』思文閣出版、一九九〇年）
「本居宣長の『真暦考』について」一九七二年（『暦法の研究　下』思文閣出版、一九九〇年）

森茂暁「大内氏と陰陽道」（『日本歴史』一九九六年十二月号）
柳田国男「唱門師の話」（『定本 柳田国男集』第九巻、筑摩書房、一九六九年）
柳原敏昭「室町政権と陰陽道」一九八八年（村山修一ほか編『陰陽道叢書　2 中世』名著出版、一九九三年）に再録
矢野道雄『密教占星術』東京美術、一九八六年
『星占いの文化交流史』勁草書房、二〇〇四年
藪内清『中国の天文暦法　増補改訂版』平凡社、一九九〇年
「西洋天文学の影響」（日本学士院日本科学史刊行会編『明治前　日本天文学史』日本学術振興会、一九六〇年）
山尾悠子「夢の棲む街」（『山尾悠子作品集成』国書刊行会、二〇〇〇年）
山折哲雄『日本人の霊魂観』河出書房新社、一九七六年
山下克明『平安時代の宗教文化と陰陽道』岩田書院、一九九六年
「安倍晴明の『土御門の家』と晴明伝承」（林淳＋小池淳一編著『陰陽道の講義』嵯峨野書院、二〇〇二年）
「安倍晴明の邸宅とその伝領」（『日本歴史』六三二号、二〇〇一年）
『陰陽道の発見』ＮＨＫ出版、二〇一〇年
山下克明＋真下美弥子「簠簋内伝金烏玉兎集」『日本古典偽書叢刊　第三巻』現代思潮新社、二〇〇四年
山田邦和『日本中世の首都と王権都市』文理閣、二〇一二年

山田慶児『朱子の自然学』岩波書店、一九七八年
山本ひろ子『変成譜』春秋社、一九九三年
『中世神話』岩波新書、一九九八年
吉田麻子『知の共鳴　平田篤胤をめぐる書物の社会史』ぺりかん社、二〇一二年
湯浅吉美『暦と天文の古代中世史』吉川弘文館、二〇〇九年
渡辺金造『平田篤胤研究』六甲書房、一九四二年
渡辺敏夫『日本の暦』雄山閣、一九七六年

安倍氏系図

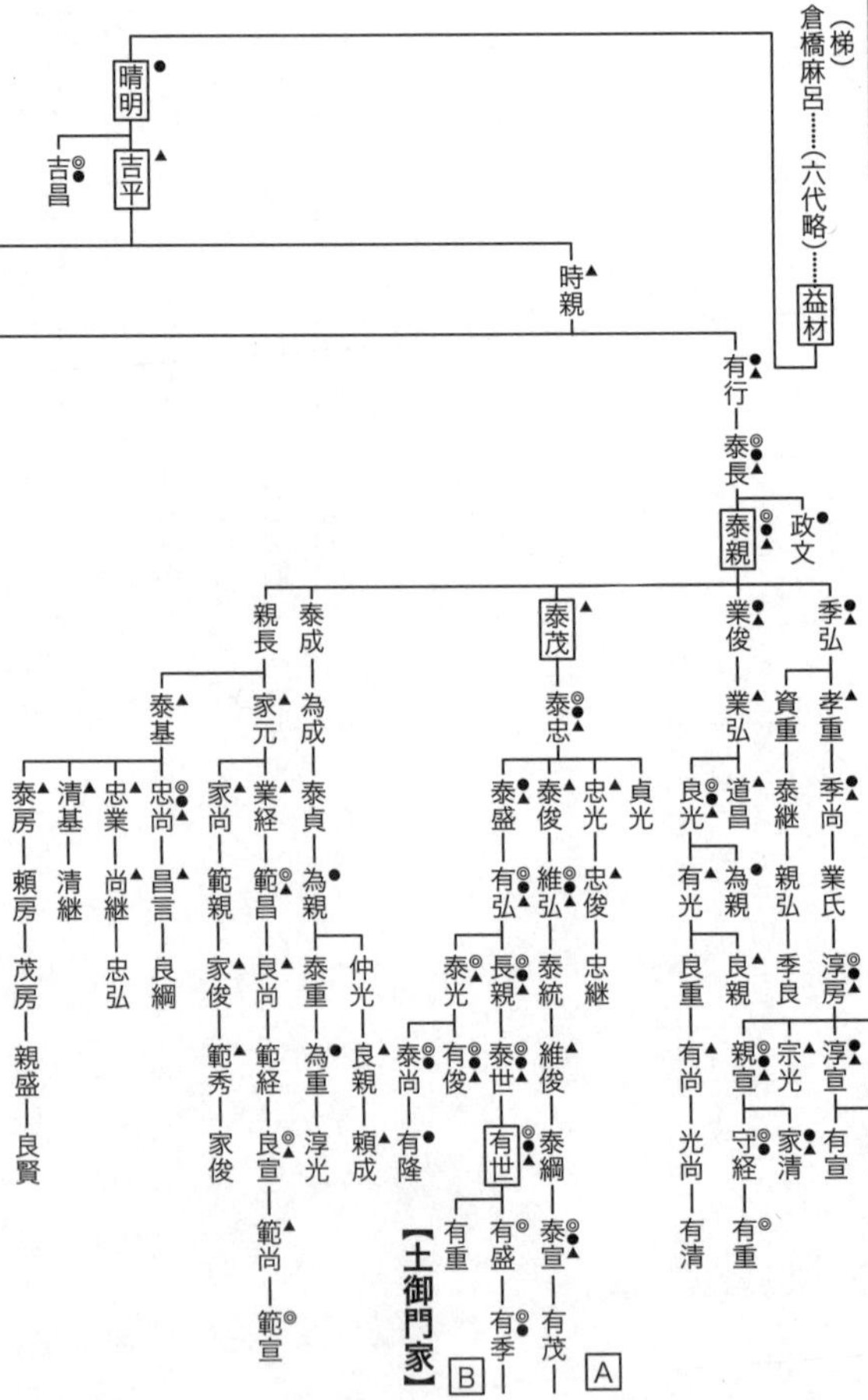

（梯）
倉橋麻呂
（六代略）
益材
晴明
吉平
吉昌
時親
有行
泰長
泰親
政文
季弘
業俊
泰茂
泰成
親長
孝重
資重
季尚
泰継
業氏
親弘
淳房
季良
良康
淳宣
宗光
親宣
範春
有宣
家清
守経
有重
業弘
道昌
良光
為親
有光
良親
良重
有尚
光尚
有清
泰忠
貞光
忠光
泰俊
泰盛
忠俊
忠継
維弘
泰統
維俊
泰綱
泰宣
有茂
有弘
長親
泰光
泰世
有世
有俊
泰尚
有隆
有盛
有季
有重
為成
泰貞
為親
仲光
泰重
良親
為重
頼成
淳光
家元
業経
家尚
範昌
範親
良尚
家俊
範経
範秀
良宣
家俊
範尚
範宣
泰基
忠尚
忠業
清基
泰房
昌言
尚継
清継
頼房
良綱
忠弘
茂房
親盛
良賢
【土御門家】
A
B

◎ ＝系図等に陰陽頭とあるもの
● ＝系図等に天文博士・権天文博士とあるもの
▲ ＝系図等に密奏宣旨（天文博士と同等の職務を与えられる）とあるもの
名前 ＝本書で紹介している人物
（図録「安倍晴明と陰陽道展」より）

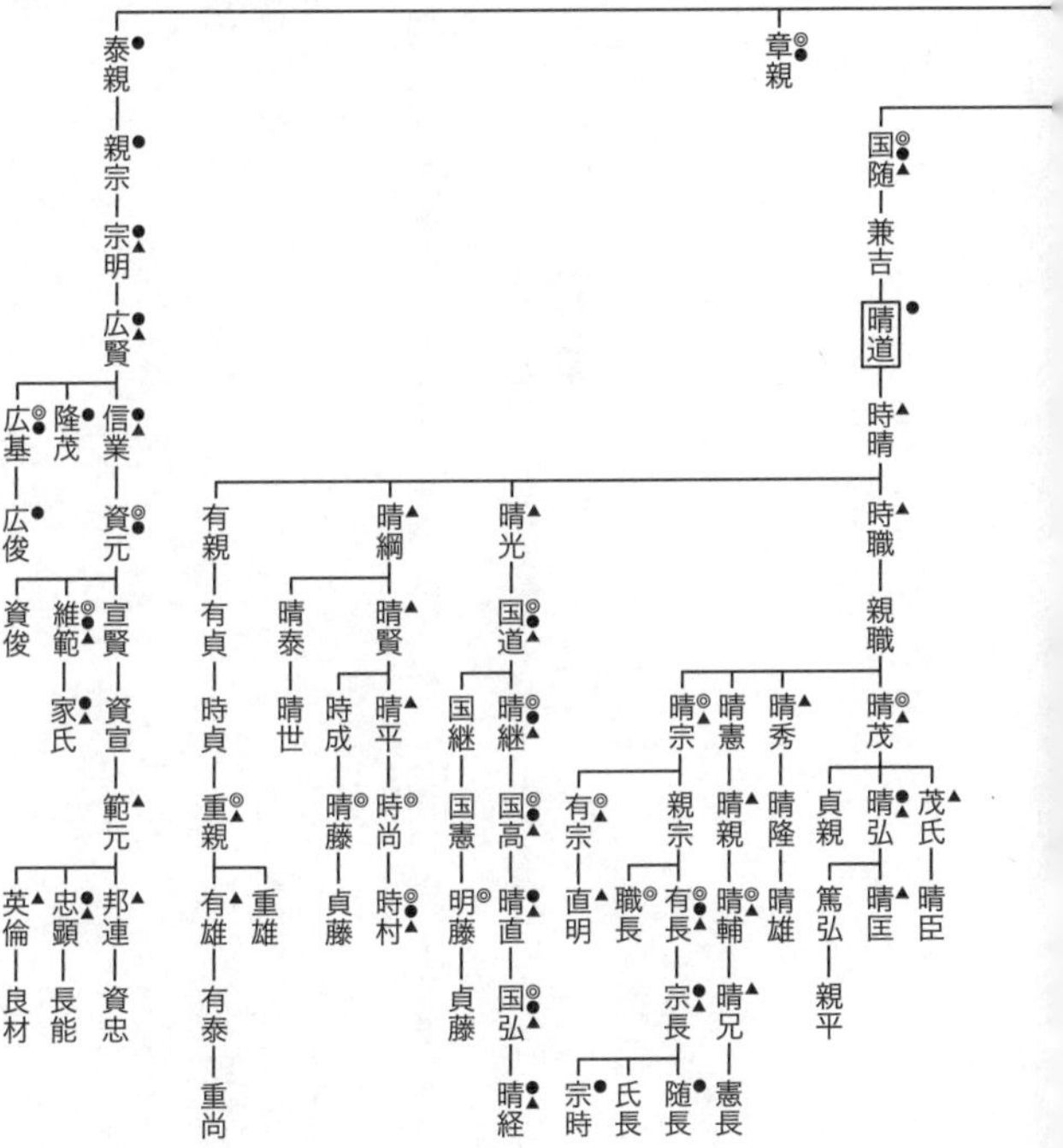

安倍家続き

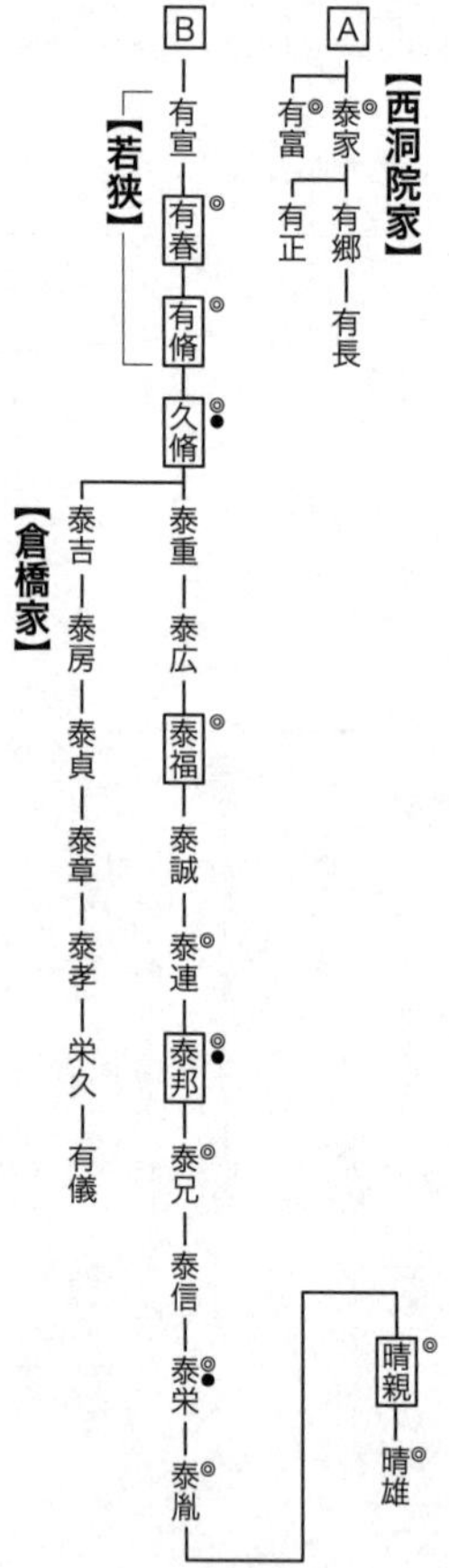
A
【西洞院家】
泰家
有富
有郷
有正
有長
B
【若狭】
有宣
有春
有脩
久脩
泰重
泰広
泰福
泰誠
泰連
泰邦
泰兄
泰信
泰栄
泰胤
晴親
晴雄
【倉橋家】
泰吉
泰房
泰貞
泰章
泰孝
栄久
有儀

賀茂氏系図

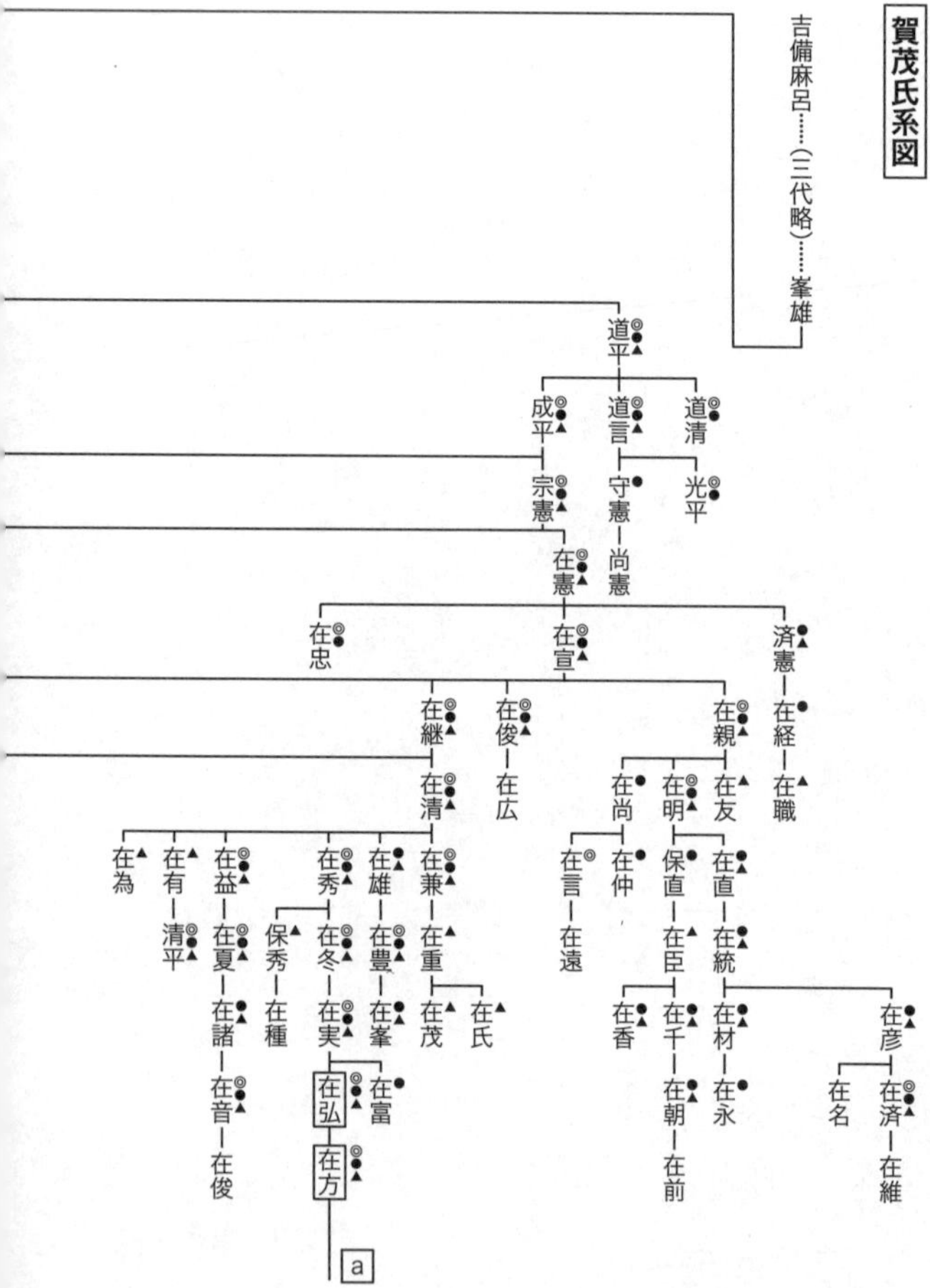

吉備麻呂……(三代略)……峯雄
道平
道清
道言
成平
光平
守憲
尚憲
宗憲
在憲
済憲
在経
在職
在宣
在忠
在親
在友
在明
在尚
在俊
在広
在継
在清
在直
在統
在彦
在済
在維
在名
在材
在永
保直
在臣
在千
在朝
在前
在香
在仲
在言
在遠
在兼
在重
在茂
在氏
在雄
在豊
在峯
在秀
在冬
在実
在富
在弘
在方
a
保秀
在種
在益
在夏
在諸
在音
在俊
在有
清平
在為

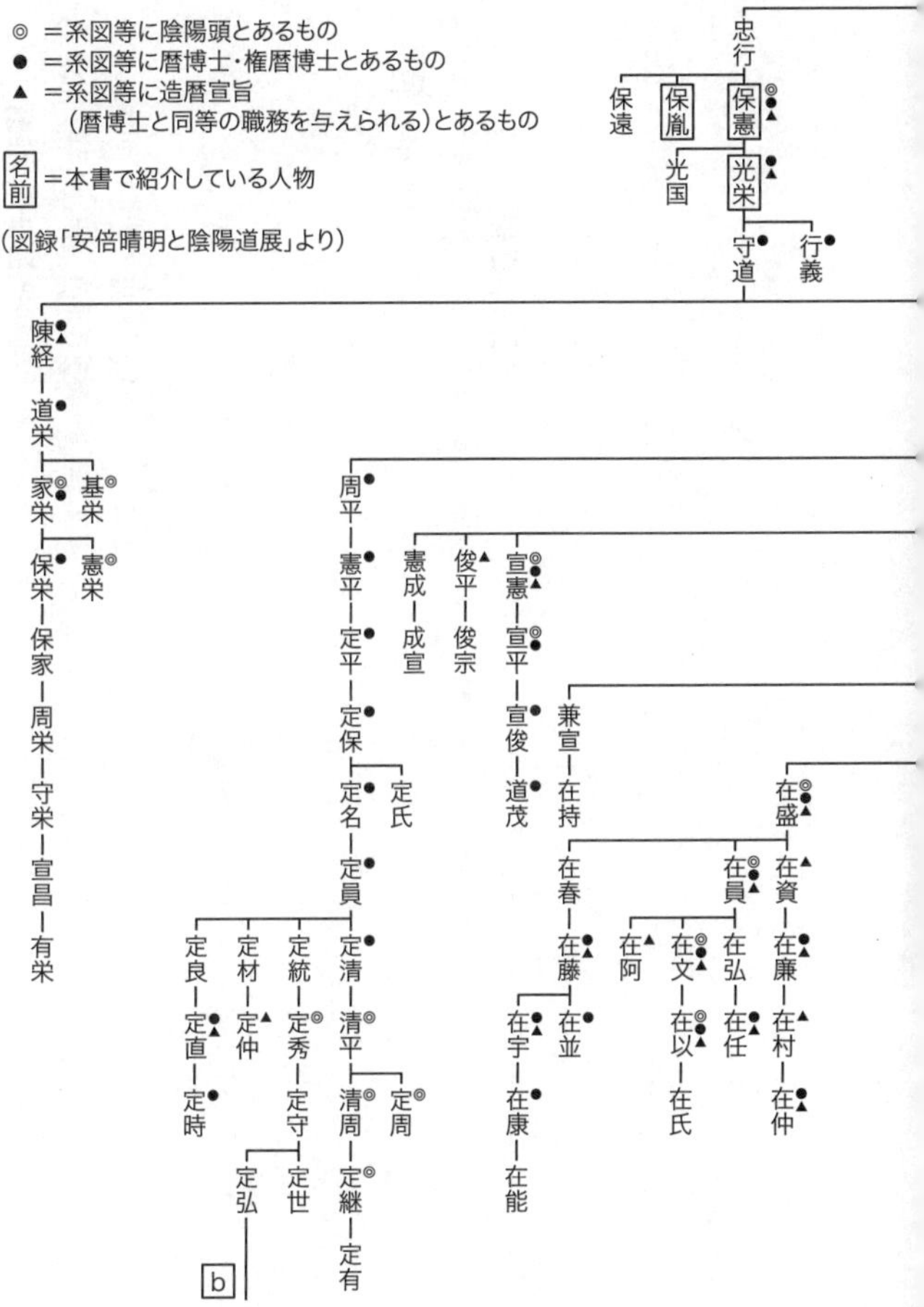
◎＝系図等に陰陽頭とあるもの
●＝系図等に暦博士・権暦博士とあるもの
▲＝系図等に造暦宣旨
（暦博士と同等の職務を与えられる）とあるもの
名前＝本書で紹介している人物
（図録「安倍晴明と陰陽道展」より）
忠行
保憲◎●▲
保胤
保遠
光栄●▲
光国
守道●
行義●
陳経●▲
道栄●
家栄◎●
基栄◎
保栄●
憲栄◎
保家
周栄
守栄
宣昌
有栄
周平●
憲平●
定平●
定保●
定名●
定氏
定員●
定清●
定統
定材
定良
清平◎
定秀◎
定仲▲
定直●▲
清周◎
定周◎
定守
定時●
定継◎
定世
定弘
定有
b
宣憲◎●▲
俊平▲
憲成
宣平◎●
俊宗
成宣
宣俊●
道茂●
兼宣
在持
在盛◎●▲
在資▲
在員◎●▲
在春
在廉●▲
在弘
在文◎●▲
在阿▲
在藤●▲
在村▲
在任●▲
在以◎●▲
在並●
在宇●▲
在仲●▲
在氏
在康●
在能

賀茂家続き

【勘解由小路家】

a
- 在貞◎ ― 在盛（枠囲み）◎● ― 在栄◎● ― 在重◎● ― 在富◎●
  - 在種
  - 在高（枠囲み）
  - 在昌（枠囲み）
- 在長● ― 在基● ― 在康● ― 在理●

【幸徳井家】

b
- 定康 ― 秀弘
- 友幸 ― 友重 ― 友延 ― 友胤 ― 友栄 ― 友祐 ― 友忠 ― 友豊 ― 友景● ― 友種● ― 友傳◎●
  - 友信●
  - 友親● ― 保篤● ― 保暠◎ ― 保教
    - 保雅●
    - 保孝
      - 保救●
        - 保真
        - 保源● ― 保章
      - 保行●

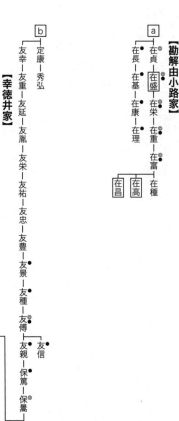

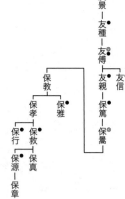

本書は二〇一四年に刊行した選書を加筆修正のうえ、新書化するものです。
図表作成　小林美和子

斎藤英喜（さいとう・ひでき）
1955年東京生まれ。佛教大学歴史学部教授。法政大学文学部卒業、日本大学大学院文学研究科博士課程満期退学。「日本神話」と「地方に残されている民間宗教者の世界」を研究している。著書『古事記 不思議な1300年史』で古事記出版大賞稗田阿礼賞、『古事記はいかに読まれてきたか』で古代歴史文化みえ賞を受賞。ほかに『異貌の古事記』『安倍晴明』など著書多数。

陰陽師《おんみようじ》たちの日本史《にほんし》

斎藤英喜《さいとうひでき》

2023年12月10日　初版発行

発行者　山下直久
発　行　株式会社KADOKAWA
〒102-8177　東京都千代田区富士見2-13-3
電話　0570-002-301（ナビダイヤル）
装 丁 者　緒方修一（ラーフイン・ワークショップ）
ロゴデザイン　good design company
オビデザイン　Zapp!　白金正之
印 刷 所　株式会社暁印刷
製 本 所　本間製本株式会社

角川新書
 ISBN978-4-04-082482-6 C0221